大学 4
10

阿部 誠

角川文庫
22165

はじめに

机上の理論?
教科書でマーケティングを習得できるのか

　ちまたには「ヒットの法則——これをやればあなたも必ず成功する」などと謳うビジネス書が溢れていますが、残念ながらそのような法則は存在しません。ビジネスの世界では、数えきれないほどの要因が結果に影響を与えます。よく知られるマーケティングの3Cを考えてみても、組織やステークホルダーなど会社に関する要因（Company）、市場や環境に関する要因（Customer）、同業・異業種の競合に関する要因（Competitors）などが無数に存在し、それらがすべて同じ条件になることはありません。ビジネスにおける多くの事例やケースは単なる相関関係をあらわしたものであり、因果関係と早とちりしてはいけません（これに関しては17-4を参照してください）。

　しかし成功する確約がないからといって、マーケティングをあきらめるのは早急です。マーケティングに客観的な視点を取り込むことによって、成功の「確率」を高めることはできます。継続的にヒット商品を生み出す確率を高めるために重要なことは、客観的かつシステマティックに顧客から継続的に学び続けてPDCA（Plan → Do → Check → Act）サイクルを回していくことなのです。

　実務のマーケティングには、サイエンスの側面（客観的、理論的）とアートの側面（クリエイティビティー）の両方が必要となってきます。大学の授業で学べるサイエンスのパート、つまりマーケティングの原理・原則をコンパクトにまとめたものが本書です。「測定できないものはコントロールできない」、実務において科学的アプローチを

学ぶ利点は、組織としてマーケティング・マネジメント・プロセスを共有するために必要な言語を共有できることです。それによって、系統的に顧客から学ぶ仕組みづくりを考えることが可能になり、データと論理にもとづいた意思決定を繰り返すことによって、意思決定の精度を向上させることができるのです。

私は米国イリノイ大学のビジネススクールで6年間、東京大学で20年間、学部と大学院でマーケティングの教壇に立ってきました。本書には私自身が今まで学部、修士、博士の学生たちから学んだ多くのことが反映されています。トピック的には、「ビジネススクール2年間のマーケティングが10時間でざっと学べる」ようにもなっています。欧米のビジネススクールはいわゆる専門職大学院と呼ばれるものですが、学生が学部で専攻した分野は文系・理系さまざまです。MBA（経営学修士）コースではマーケティングのバックグラウンドを前提としていないため、学部4年間の東京大学のマーケティングと内容的には大差ありません。

本書にはレベルの高い節も意図的に含めました。したがって完全に理解できなければ、スペースの都合で私の説明が不十分なためであり、読者の方々のせいではありません。できるだけ内容の概要をつかむ努力をして読み進めてください。企業では実際の高度な分析は、コンサルティング会社やリサーチ会社に外注する場合が多いです。概要さえわかっていれば、どのような分析や手法を外注するべきか、それらが正しく使われているのか、結果の解釈が妥当か、などを判断する際の手助けになるでしょう。

東京大学経済学部教授

阿部　誠

第2部
マーケティング戦術の策定と実施・管理

10 プロモーション

11 販売促進（SP）

本文デザイン/二ノ宮 匡
図版/ISSHIKI

市場・顧客の分析とマーケティング戦略の立案

【第1部で知っておきたい用語】

▼マーケティング

価値交換のプロセスのこと。交換がスムーズに行われる仕組みづくりにより市場を創造することがマーケティング活動の目標。大原則は、相手（顧客）の立場に立って考えること。

▼マーケティング・マネジメント・プロセス

事業機会の発見（R）→マーケティング戦略（STP）→マーケティング戦術（MM、4P）→実施（I）→コントロール（C）というサイクルを回すこと。PDCAのマーケティングバージョンといえる。

▼STP

マーケティングの戦略＝目標のこと。S：セグメンテーションで市場にどんなタイプの顧客が存在するかを調べ、T：ターゲティングで対象とする顧客を決め、P：ポジショニングで提供する価値を決める。

▼4P

マーケティングの戦術＝マーケティングに用いる手段のこと。マーケティング・ミックスとも呼ばれる。4Pは、プロダクト（製品）、プライス（価格）、プロモーション（広告、販促）、プレイス（場所）をあらわす。

▼SORモデル（Stimulus-Organism-Response Model）

消費者行動の標準的なフレームワーク。1960年代後半にハワードとシェスが提案した情報処理型モデルであり、消費者を情報処理者としてとらえ、消費者行動を包括的に描く。

▼購買プロセス

①問題認識→②情報探索→③評価→④購買決定→⑤購買後の行動の5段階。消費者の購買行動メカニズムを分析するためには、購買プロセスにもとづいて考える必要がある。

▼知覚マップ

消費者がどのような評価軸を用いてブランドを知覚しているかを図示したもの。ブランドの競争構造分析、既存ブランドのイメージ・評判の分析、新規ブランドのポジショニングなどに用いられる。

▼CS（顧客満足：Customer Satisfaction）

顧客満足は購買後の知覚パフォーマンス（価値）と購買前の期待との差で規定される。マーケティングでは、この顧客満足を高めることが重要。

▼マーケティング・リサーチ

特定のマーケティングに関する課題と意思決定を行うための調査・分析手段。調査目的によって探索型、記述型、因果型の3つに大別される。調査方法は、質問法、観察法、実験法の3つ。

▼プロファイリング

主顧客の特徴を把握・描写すること。各セグメントに属する顧客像を把握することで、ターゲティングとポジショニングに役立たせる。顧客特性と消費行動特性の2つの変数を用いる。

▶ マーケティングとは？

01 | 「マーケティング」とは「愛」である

　ビジネスにおいては、売り手の提供する財・サービスと買い手の金銭が交換されることによって、お互いがメリットを享受できます。マーケティング活動の目標は、この交換がスムーズに行われる仕組みづくりにより市場を創造することです。

　当たり前ですが、顧客（Customer）なしでは、ビジネスは成り立ちません。そのため、マーケティングは企業と顧客を結びつける唯一の機能を果たすという意味で、その役割は企業経営の中核をなすべきものです。ゆえにマーケティングは、たとえばマーケティング部といった一部門が操るものではなく、**経営者がリーダーシップをとり、会社全体が行っていくべき**ものなのです。

　マーケティングはビジネス（営利企業）以外の領域でも使われます。たとえば政治の世界では、候補者と投票者、双方の利害関係が一致する仕組みづくりに（Marketing of Politics）、慈善事業では、寄付者は寄付という行動により大きな喜びを感じると同時に主催者は十分な募金を集められるような仕組みづくりに（Marketing of Charity）、国家間においては、たとえばクール・ジャパン・キャンペーンのように国内産業と外国人旅行者や国外消費者の双方にメリットができる仕組みづくりに（Marketing of Nations）、それぞれ役立っています。

　それでは、片方だけでなくお互いにメリットのある価値交換の仕組みをどのようにつくるべきなのでしょうか？

　その大原則は、相手（顧客）の立場に立って考えることです。つまり**「マーケティング」とは「愛」**なのです。

30秒でわかる！ ポイント

マーケティングとは

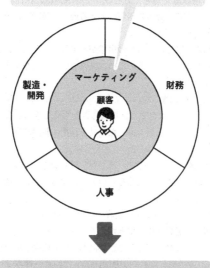

◆マーケティングとは価値交換のプロセス
◆交換がスムーズに行われる仕組みづくりにより
市場を創造することがマーケティング活動の目標

製造・開発

財務

マーケティング

顧客

人事

常識の罠：マーケティングをめぐる誤解

●マーケティングはマーケティング部門だけの問題ではない
●利益を生むのは商品ではなく顧客！
●マーケティングは経営の要

▶ マーケティングの誕生
02 | 売れるものをつくるという
考え方

　企業の市場に対する考え方（コンセプト）は、18世紀後半の工業化の発展とともに、顧客の価値に応える形で生産志向、製品志向、販売志向へと変わってきました。

　生産志向の段階では、製品の供給が不足していたので、とにかくつくれば売れた時代です。そのため、需要をいかに満たすかという大量生産が重要でした。

　こうして需要が満たされるようになると、人々はありふれた商品（コモディティ）ではなく、より高品質な製品を求めるようになります。質が高く、かつ価格を抑えた製品を目指す**製品志向**が主流となりました。

　やがて経済の成長とともに、高品質な製品が十分市場に出回り、供給過多になってくると、製品をどのように売るかという**販売志向**が求められるようになります。

　つまり、その製品がいかに顧客の求める価値を満たしているかを、うまく説得する必要が生じてきたのです。

　さらに経済が成熟してくると、製品ありきの販売志向も限界を迎えました。この段階はアメリカでは1900年代初め、日本では1950年代半ばですが、「マーケティング」という言葉が使われ始めたのです。市場（顧客）のニーズや欲求にもとづいて、より効果的・効率的に組織目標を達成すること、すなわち**マーケティング志向**が登場しました。つまりビジネスにおいては、つくったものを売るのではなく、売れるものをつくる、という考え方なのです。

30秒でわかる! ポイント

マーケティング・コンセプトの変遷

生産志向　→　製品志向　→　販売志向　→　マーケティング志向

- 市場のニーズや欲求にもとづいて、
  より効果的・効率的に組織目標を達成すること
- つくったものを売るのではなく、売れるものをつくる

【考え方】

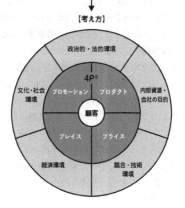

□ コントロール不可能な要素

■ コントロール可能な要素＝マーケティング・ミックス (4P)

※マーケティング・ミックス (4P) については1−3、6−7で説明します

20

▶ STPと4P

03 マーケティングの進め方

1 マーケティングへの招待

マーケティングのプロセスがわかれば、それを実施して管理（マネジメント）することができます。ビジネス書でもよく扱われるPDCA（Plan：計画→ Do：実行→ Check：評価→ Act：改善）サイクルをマーケティングにあてはめれば、そのプロセスがおのずと見えてきます。

まずは事業機会の発見。**どの分野にビジネスを展開するか**を見定めます。ここでは社内環境要因（強みや弱み）と社外環境要因（競合、市場＝顧客、環境）の双方を考慮する必要があり、市場調査を行うことも必要でしょう。次のステップでは、**その事業で何を成し遂げたいのかという大きな目標**を定めます。これはマーケティング戦略と呼ばれ、市場にはどのようなタイプの顧客が存在し（**S**egmentation：セグメンテーション）、どのタイプの顧客を対象として（**T**argeting：ターゲティング）、どんな価値を提供するのか（**P**ositioning：ポジショニング）を決めるのです。この3つの要因は英語の頭文字をとって**STP**と呼ばれ、マーケティングにおける目標＝戦略に該当します。

一方、企業がマーケティングに用いる手段＝戦術はマーケティング・ミックスと呼ばれ、大きく分けて製品（**P**roduct）、価格（**P**rice）、プロモーション（**P**romotion）、流通（**P**lace）という**4P**に代表されます。ここまでがPDCAのPlanの部分になります。Doのステップでプランを実施（インプリメンテーション）し、事業が予定通りに進んでいるかをCheckします。そして必要とあれば軌道修正（コントロール）をするのがActになり、ここで学習したことが、次の事業機会の発見（リサーチ）へとつながるのです。

30秒でわかる！ ポイント

マーケティング・マネジメント・プロセスとは

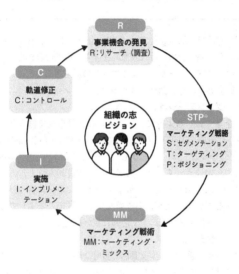

R
事業機会の発見
R：リサーチ（調査）

C
軌道修正
C：コントロール

STP※
マーケティング戦略
S：セグメンテーション
T：ターゲティング
P：ポジショニング

I
実施
I：インプリメン
テーション

MM
マーケティング戦術
MM：マーケティング・
ミックス

組織の志
ビジョン

※STPについては1-4、6-1でも説明します

ポイント！

● マーケティングのプロセスがわかればマネジメントが
可能になる！

● PDCAのマーケティングバージョン

▶STP＝戦略

04 戦略と戦術の違いを理解する

　英語で戦略は Strategy、戦術は Tactic と呼ばれ、戦略は戦術を方向づけるため先に決めなければなりません。戦略の具体例として、文具・オフィス家具メーカーであるプラスの新規事業としてスタートした通信販売業者、株式会社アスクルのSTPを見ましょう。

S：セグメンテーション

　右図を見てわかるように、アスクルは文具市場を個人と法人に分け、さらに日本全国600万カ所以上に及ぶ事業所からなる法人市場を、規模でセグメンテーションしました。その理由は事業所の規模によって購買方法が違うからです。大規模（従業員30人以上）あるいは中規模（10人以上30人未満）の事業所では、大手文具店の外商が受注の対応をしていましたが、小規模な事業所（10人未満）では個人顧客と同様に社員が必要に応じて店頭に買いに行っていました。

T：ターゲティング

　すでに外商を通じて大手文具店と良好な関係を構築していた大規模事業所に対して文具ビジネスで参入することは困難です。そこでアスクルがターゲットとしたセグメントは、大手文具店が手をつけず個人顧客と同じように見なされていた30人未満の中・小規模事業所でした。

P：ポジショニング

　アスクルは自らをトータル・オフィス・サポート・サービスの会社と規定しています。したがってポジショニングは「オフィスという1つの生活空間の中で必要なものがすべてそろう」、しかも「明日までに」スピーディに届けるという価値を顧客に提供することでした。

30秒でわかる！ ポイント

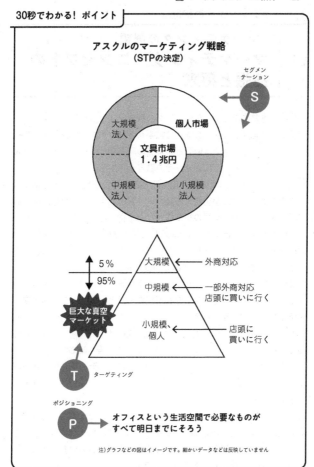

アスクルのマーケティング戦略
（STPの決定）

セグメン
テーション

S

大規模
法人

個人市場

**文具市場
1.4兆円**

中規模
法人

小規模
法人

5 %
95%

大規模 ← 外商対応

中規模 ← 一部外商対応
店頭に買いに行く

巨大な真空
マーケット

小規模、
個人 ← 店頭に
買いに行く

T ターゲティング

ポジショニング

P **オフィスという生活空間で必要なものが
すべて明日までにそろう**

注）グラフなどの図はイメージです。細かいデータなどは反映していません

▶マーケティングの展望

05 | マーケティング・コンセプトの拡張と将来

　今後、重要になるマーケティングの概念を3つ紹介しましょう。1つ目は顧客志向を長期的な観点に拡張した**リレーションシップ・マーケティング**です。企業は顧客との単発の取引から脱却して継続的な取引へと発展させることにより、その顧客から生涯にわたって得られる収益、つまり生涯価値を最大化し顧客との間に永続的な win-win の関係を構築することが重要であるというものです。そのためには、購買履歴、ウェブやテレビの視聴履歴などを含んだビッグデータを分析し（Database Marketing）、顧客1人ひとりにカスタマイズされた最適なマーケティング活動（4P）をベストなタイミングで提供すること（1 to 1マーケティングあるいはCRM）が不可欠です。

　2つ目は営利企業であろうとも、人権保護、エコロジー、情報公開などの社会的貢献こそ企業の存在価値なのだという**ソーシャル・マーケティング**です。ザ・ボディショップ、スターバックスコーヒー、ベネトンなどは、利益至上主義の脱却と企業の社会的責任（CSR）を強くアピールすることによって有名になった企業の例です。

　3つ目は「売らないためのマーケティング」、**デ・マーケティング**です。これは意図的に供給を抑制することにより、高い品質とサービスを提供すると同時に希少価値を生み出して、少数の顧客により高い満足を得てもらうという、少し極端なコンセプトです。ここでは経営者の信念とコダワリが顧客の共感を呼ぶのです。例としては会員制クラブや広告を一切出さずに口コミで広まった商品、いい食材が入らなかったら開店しないレストランなどです。

30秒でわかる！ ポイント

主なマーケティング概念を知っておこう

①リレーションシップ・マーケティング

顧客との関係を大切にして、継続取引してもらい、顧客から生涯にわたって得られる収益（生涯価値）を最大化する

②ソーシャル・マーケティング

人権保護、エコロジー、情報公開などの社会的貢献をアピールする

③デ・マーケティング

意図的に売らないことで（供給を抑制）高い品質とサービスを提供。同時に希少価値を高め、少数の顧客に高い満足度を与える

▸ 事業ビジョン

01 | 企業の存続・成長に必要なものとは?

　新規の事業機会、事業領域を考えるためには、まず、その事業を通じて何をしたいのか、何をするべきなのか、自分たちに何ができるのかを企業のビジョンにもとづいて明確にしなければなりません。

　組織として機能するためには、ビジョンや理念という価値の共有によって従業員のもつさまざまなアイデアや知の多様性を生かしつつも一定の方向性をもたせることが重要です。**マーケティング・マネジメント・プロセスの中心にビジョンがある**のはこのためです。すべてのマーケティング活動は、この選択された領域（ビジョンや理念）の中で計画され実行されるべきなのです。

　次に重要なことは、製品カテゴリーや既存技術のようなシーズ（企業が所有している技術・材料・サービス）ではなく、顧客のニーズや便益にもとづいて事業領域を定めることです。レビット（T. Levitt）の「マーケティング・マイオピア（近視眼）」では、米国の鉄道会社が自身の事業領域を交通輸送業と考えず鉄道に固執したり、映画会社がエンターテインメント産業と広くとらえなかった結果、衰退していった例をあげて、ニーズベースで考える必要性を唱えました。

　製品やサービスは単に顧客のニーズを達成するための手段の1つであり、これらは市場、環境、技術などによって大きく変化します。製品には成長、成熟、衰退といったライフサイクルが存在することが、これを物語っています（14-1参照）。その点、いつの時代でも人間の欲求は続きます。**企業が時代の変化に適応し永続的に存続・成長していくためには、ニーズにもとづいた発想が必須なのです。**

30秒でわかる！ ポイント

事業ビジョンを決める

事業ビジョン

石油会社	→	エネルギー会社
化粧品会社	→	美容・健康会社
ハードディスク会社	→	情報保存会社 (SSD、クラウド)
カメラ	→	イメージ・プロセシング会社

事業領域

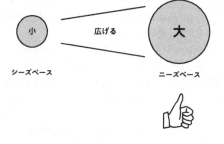

小

広げる

大

シーズベース　　　　　　　ニーズベース

▶ 事業ポートフォリオ
02 どのような事業を
選択すればいいのか

　企業ビジョンに整合性のあるニーズベースの新規事業の候補がいくつかあがったとしましょう。それらをどのように類型化し、優先順位をつけ、選択すべきかが次のステップになります。ここでは戦略論で提案されている2つのフレームワークを紹介します。

　アンゾフ（H. I. Ansoff）は事業を拡大する際に、「製品」と「市場」の2軸において「既存」と「新規」に類型化した「**製品・市場マトリックス**」を提案しました。このマトリックスでは企業の成長戦略を、①**市場浸透戦略**…既存製品を今の市場や顧客で販売を増やす、②**新市場開拓戦略**…既存製品を新しい市場（海外や新規顧客セグメント）に提供する、③**新製品開発戦略**…今の市場や顧客に新しい製品を提供する、④**多角化戦略**…新しい製品を新しい市場（海外や新規顧客セグメント）に提供する、の4つに分類しています。企業が事業拡大をする際、この4つの方向性において市場の魅力度、成長性、環境要因、自社資源などを考察する枠組みとして使われます。

　もう1つのフレームワークは、企業が保有する複数事業（事業ポートフォリオ）を「市場成長性」と「相対市場シェア」の2軸において分類する**BCG**（Boston Consulting Group）**マトリックス**と呼ばれるものです。これは企業全体の拡大、成長のための効率的な資源配分を客観的に考察する枠組みを提示していますが、わかりやすい半面、単純すぎるという批判もあります。そのため「市場成長性」を「業界の魅力度」、「相対市場シェア」を「自社の強み」へと発展させたGE（General Electric）マトリックスなどの拡張も提案されています。

30秒でわかる! ポイント

戦略論で使われる2つのフレームワーク

アンゾフ・マトリックス
(製品・市場マトリックス)

		製品・カテゴリー・事業	
		既存	新規
市場・顧客	既存	市場浸透	新製品開発
	新規	新市場開拓	多角化

BCGマトリックス
(事業ポートフォリオ・マトリックス)

市場成長性		
高	**戦略的事業** Problem child (問題児)	**花形事業** Star (スター)
低	**低迷事業** Dog (負け犬)	**金のなる木事業** Cash cow (金のなる木)
	低	高

相対市場シェア

市場の成長性と相対市場シェアという2軸で分類すると、図のような4つの事業類型になる

▶強みと弱みを知る

03 すべて優れている必要はない

　参入事業を評価するために、マトリックスによる事業の類型化を一般化したものが**SWOT分析**です。SWOTは、強み（**S**trength）、弱み（**W**eakness）、機会（**O**pportunity）、脅威（**T**hreat）の頭文字をとったもので、強みと弱みは企業の内部環境を、機会と脅威は事業を取り囲む外部環境を指しています。

　内部環境の分析では、企業が対象事業を遂行する能力をマーケティング、財務、製造、組織に関する要因別に評価（点数化）します。そしてこれら能力の強みは正、弱みは負とおいた強弱度を、要因の重要度でウエイトづけし、平均値を計算することによって、当該事業における内部環境の全体得点を算出します。

　外部環境の分析には、右図に示されているようなさまざまなマクロ要因とミクロ要因が含まれています。まずは要因ごとに、機会ならば魅力度、脅威ならば深刻度で、それぞれ評価します。そしてこれら機会要因の魅力度は正、脅威要因の深刻度は負とおき、要因別の発生確率（これらは内部環境要因における重要度と同等の意味をもちます）でウエイトづけし、平均値を計算することによって、外部環境の全体得点を算出します。

　このように算出された内部環境と外部環境の得点にもとづいて、候補にあがっている新規事業への参入優先順位を決めることができます。また、評価結果が従業員間で異なっている場合は、その理由を各要因のレベルまで踏み込んで議論することにより、組織的に共有できる思考プロセスの構築にもつながります。

30秒でわかる! ポイント

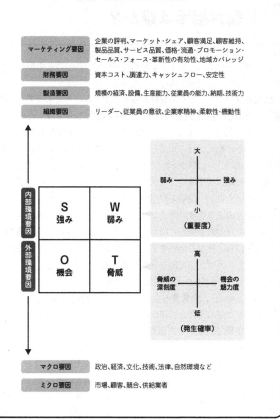

事業の選択（SWOT分析）

マーケティング要因　企業の評判、マーケット・シェア、顧客満足、顧客維持、製品品質、サービス品質、価格・流通・プロモーション・セールス・フォース・革新性の有効性、地域カバレッジ

財務要因　資本コスト、調達力、キャッシュフロー、安定性

製造要因　規模の経済、設備、生産能力、従業員の能力、納期、技術力

組織要因　リーダー、従業員の意欲、企業家精神、柔軟性・機動性

内部環境要因 / 外部環境要因

S 強み	W 弱み
O 機会	T 脅威

大
弱み ――― 強み
小
（重要度）

高
脅威の深刻度 ――― 機会の魅力度
低
（発生確率）

マクロ要因　政治、経済、文化、技術、法律、自然環境など

ミクロ要因　市場、顧客、競合、供給業者

② ビジネス・チャンスの発見

▶ 市場と競争構造

04 競合相手は誰か？

SWOT分析では、対象事業の市場の中で、自社のどの製品がどの企業のどの製品と競合するのかを知る必要があります。

市場のプレイヤーとその競合関係を規定することによって、どの領域にどのような目的で参入すべきかが明らかになります。たとえば新規事業の候補としてビターな炭酸系低アルコール飲料を考えてみましょう。その製品がビール系と酎ハイ系、あるいはそのほかの飲料系のどのカテゴリーに属するかによって、企業の強み・弱みや機会・脅威は違うため、事業戦略やその進め方が異なるばかりか、参入する・しないという最初の段階の意思決定まで異なってきます。

市場がどのようなサブカテゴリーやサブマーケットで構成されており、それぞれどの企業がどのように競合しているかの分析は**競争構造分析**と呼ばれ、異なる指標やデータを用いた、さまざまな手法が存在します。たとえば、伝統的な分類基準（スポーツカー、ミニバン、SUVなど）、使用目的・使用場面（プロ用かアマチュア用か、自身用か贈答用かなど）、消費者のもつイメージの類似性（ディズニーランドに行こうと思ったときに浮かぶ別の候補）、ブランド遷移データ（類似ブランド間でのブランド遷移は起きやすい）、競合価格反応度（類似ブランド間の値引きは売上に影響が大きい）などがあります。

これらに共通する着目点は、同じ領域（サブカテゴリーやサブマーケット）に含まれる製品・サービス同士は消費者にとって代替品と知覚されやすいため、異なる領域に属する製品・サービスよりも競争が激しくなるということです。

30秒でわかる！ ポイント

ポーターの5つの競争要因（ファイブ・フォース）

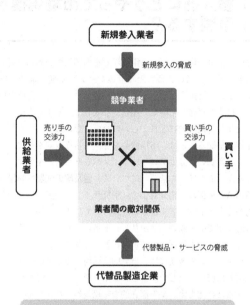

この図を見ると、企業の競争が多次元にわたるものであることがわかる。企業の競争相手は同じ業界の競合や取引関係にある売り手・買い手だけではなく、未来の新規参入業者、別の業界の代替品の製造企業も含まれる

出典）マイケル・E・ポーター『競争の戦略』

▶ 市場機会の評価

05 参入前にどうやって市場規模を予測する？

　成熟した市場の場合、新しい用途などを開拓しない限り需要のパイは拡大しません。このようなゼロサムゲームでは競争構造に応じたマーケティング計画を構築することが重要です。一方、市場が成長途中あるいはまだ存在していない場合、参入しようとする市場の大きさがどう変化し、最終的にどれくらいの規模になるのか、つまりその潜在的な需要を知ることは、市場機会を評価するうえで不可欠です。

　ここでは新しい製品カテゴリー（イノベーション）を消費者がいつ採用するか（トライアル購買）について、**普及率の成長を時系列で考慮するバス・モデル**を紹介します。購買サイクルの長い耐久消費財では市場の売上＝トライアル購買の図式があてはまりやすいですが、日用消費財などでは実際の売上がリピート購買にも大きく影響されるため、別途、リピート購買のモデルも必要になります。

　イノベーションの普及には、自発的に採用するイノベーターと、周囲の採用者に口コミなどで影響されるイミテーターの2種類の消費者が存在すると考えます。N を潜在的な市場規模、$F(t)$ を t 時点での普及率とします。そして時点 t までに未採用者 $(1-F(t))N$ のうち、次期に採用（購入）するイノベーターの割合を p、イミテーターの割合を $qF(t)$ と仮定すると、$t+1$ 期の採用人数 $n(t+1) = (p+qF(t))(1-F(t))N$ であらわされます。最初の数期の売上（つまり採用人数＝$n(t+1)$）がデータとしてあれば、この式の3つのパラメータ p、q、N を推定できるため、潜在的な市場規模 N のみならず、将来の売上 $n(t)$ と普及率 $F(t)$ も時系列で予測できます。

30秒でわかる！ ポイント

イノベーションの普及

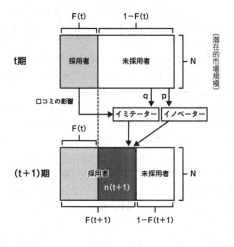

3 消費者行動

> ▶消費者行動とマーケティング変数

01 | なぜ消費者の行動を知ることが重要なのか?

　近年、マーケティングにおいても複雑な統計モデルや人工知能(AI)が利用され始めています。分析に必要なデータを見極めるためにも、消費者行動を理解することがいかに重要か、2つ例を紹介します。

〔例1〕発売されて1カ月経過したある飲料カテゴリーの新製品が、この先どう売れるかを予測する状況を考えてみましょう。飲料のような新製品の場合、価格が安くリスクも小さいため、多くの消費者は興味本位に試し買いをします。その新製品が今後、本当に成功するかは、消費者がその商品に満足して継続的にリピート購買をするかにかかっています。残念ながら売上データではトライアルとリピートの2種類の購買が合算されているため、必要な情報は得られません。ここで有用なデータは、2種類の購買を区別できる消費者別の購買履歴です。

〔例2〕購買履歴データを見ると、同じブランドを買い続ける消費者が多く存在することがわかります。実はこのような消費者には2タイプいます。1つはこのブランドに心酔して積極的に買い続けるタイプ、もう1つは特にコダワリがなくとも習慣や惰性から毎回同じ製品を買うタイプです。企業はもちろん前者のタイプの顧客を増やしたいでしょう。どちらのタイプも購買履歴データでは同じようなパターンを示しますが、本当にロイヤルな(忠誠心の高い)顧客は、たとえ競合ブランドが値引きをしても簡単にはスイッチしません。したがって、購買履歴とともにそのときの当該と競合ブランドの価格や販促の情報(これらを**マーケティング変数**と呼びます)を知ることで、それに対して消費者のブランド選択がどのように反応したかを把握できます。

30秒でわかる！ ポイント

消費者行動研究の発展段階

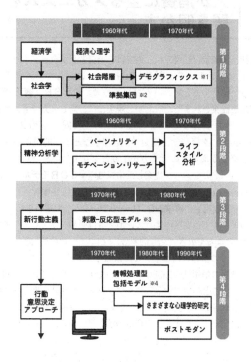

※1 3-5参照
※2 人の価値観、信念、態度、行動などに強い影響を与える集団
※3 3-2参照
※4 3-2参照

▶ SORモデル
02 │ 人が消費に至るメカニズムを解き明かす

　当初、消費者行動研究においては、消費者をブラックボックスと見なしてマーケティング刺激（Stimulus）に対して、消費者が反応（Response）するという「パブロフの犬」的な**SR（刺激-反応型）モデル**が提案されました。しかし現実には、同じ入力でも人や状況によって出力が異なることも多いため、人間の脳のメカニズム（Organism）を経済学、社会学、心理学など多面的視点からモデル化する必要があるとの考え方が主流となりました。中でも1960年後半にハワードとシェスが提案した情報処理型**SORモデル**（Stimulus-Organism-Response Model）は、消費者を情報処理者ととらえ、現在まで**消費者行動の標準的なフレームワーク**として用いられています。

　このモデルでは右図のように、消費者は製品・サービス（実体的刺激）、マスコミや広告（記号的刺激）、口コミ（社会的刺激）などに接触して、どの情報に注目し、どの情報を自主的に探索するかを決め、これら情報の信頼性の評価などを行います。そしてこれらの知覚（イメージ）にもとづいて製品属性やブランドに対する態度とその確信度が形成され、それが製品に対する選好（せんこう）さらには購入意図へとつながって購買決定が下されます。購買後の消費経験からは、その製品に対する満足・不満足の結果や新たな発見、態度形成が学習部にフィードバックされたり、ネットへの投稿などの行動につながったりします。

　消費者行動を包括的に描いた複雑なモデルのため、行動予測というより個々の要因を研究するフレームワークとして使われます。広告なら、どんなメッセージが注目を得やすいか、信憑性（しんぴょう）が高いかなどです。

30秒でわかる！ ポイント

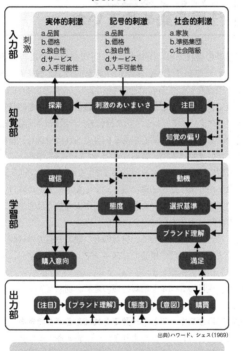

ハワード・シェス・モデル
（SORモデル）

入力部

刺激

実体的刺激	記号的刺激	社会的刺激
a.品質	a.品質	a.家族
b.価格	b.価格	b.準拠集団
c.独自性	c.独自性	c.社会階級
d.サービス	d.サービス	
e.入手可能性	e.入手可能性	

知覚部

探索　刺激のあいまいさ　注目
知覚の偏り

学習部

確信　動機
態度　選択基準
ブランド理解
購入意向　満足

出力部

〔注目〕→〔ブランド理解〕→〔態度〕→〔意図〕→〔購買〕

出典）ハワード、シェス（1969）

実線は情報の流れ、破線はフィードバック効果を
あらわす

③ 消費者行動

---

03 | ▸刺激とスキーマ
どのような広告が
注目を集めやすいか

情報過多の現代では、消費者は1日平均2000もの広告に接触しているといわれていますが、実際に注意を向けるのはその5％未満。さらに、内容を意識するのはその中のほんの一部といわれています。したがって、**消費者がどうすれば情報に着目し、内容を吟味してくれるか**がマーケター（マーケティング経営者）の最初の課題になります。

刺激が消費者にとって関心のある内容であれば着目し、積極的に情報処理を行います。人間、買おうと思っている商品や興味のあるサービスの広告には自然と注意をはらいます。また、恐怖心を誘う広告は、好感度は下がりますが、印象に残りやすくなります。これは、人間はポジティブよりネガティブな感情に対してより強く反応するという損失回避の性向によるものです。

人間は外部の刺激に対して、自身のもつ知識や過去の経験から形成されたイメージ（心理学用語では**スキーマ**と呼ばれます）にもとづいて反応し、情報を処理します。

右図は、注目のレベルと情報処理の量を、刺激とスキーマの不一致度によってプロットしたものです。

刺激の内容がスキーマと不一致であればあるほど驚きをもたらすため、一般に注目のレベルは高まります。情報処理の量は**適度な不一致**のときに一番多くなります。スキーマと刺激の内容が完全に一致する場合は新たな追加情報をもたらさず、極端な不一致の場合には自身の中で整合性が得られない自己矛盾の状態（これを**認知的不協和**と呼びます）にあるため、あまり情報処理がなされません。

30秒でわかる！ ポイント

スキーマ不一致と消費者の注意・情報処理

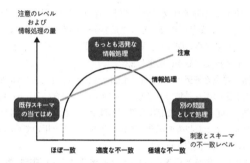

図の作成方法

注目のレベルと情報処理の量を刺激とスキーマ（自分の知識や過去の経験から形づくられたイメージ）の不一致度によってプロットする

▶ 関与と能力

04 興味と知識が学びにつながる

　1980年代に情報処理研究の中で特に注目された要因が「関与」と「知識」です。関与は自分にとって重要かつ関連があるかという情報処理に対する動機に関係し、知識はその情報処理を行えるだけの能力をもち合わせているかに関係します。

　精緻化見込みモデル（ELM：Elaboration Likelihood Model）では、右上図のように動機と能力のレベルが高い場合のみ、脳の資源を多く使う中心的ルートで精緻な情報処理が行われ、意思決定は分析的になります。それ以外の場合、脳は周辺的ルートを用いて簡略化した情報処理や意思決定が行われます。

　右下図は、関与と知識のレベルが消費者のブランド選択行動に与える影響を情報処理過程の違いから類型化したものです。

　まず知識が多い消費者はブランド間の差異を知覚します。さらに関与が高い場合は、ブランド間の違いをさまざまな観点で分析・評価して、それらのトレードオフ（バランス）から購買ブランドを決めるような複雑な情報処理を行います。

　関与が高くてもブランド間の違いを認識していない場合は、どのブランドを買えばよいかわからないが後悔はしたくないので、とりあえず人気の一番高いものを買う傾向があります（**認知的不協和の低減**）。

　関与が低い場合はカテゴリー自体に無関心なため、どの商品も同じようだと感じている場合には習慣的に「いつも」のブランドを選び（**慣性型**）、商品間に違いがあることを認識している場合にはいろいろなブランドを買い回す**バラエティー・シーキング**行動が見られます。

30秒でわかる！ ポイント

消費者はどんな情報処理を行って行動に至るのか

ELM（精緻化見込みモデル）の概念図

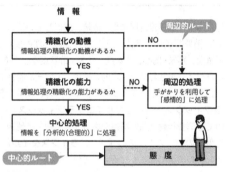

情　報

| 精緻化の動機 |
| 情報処理の精緻化の動機があるか |

周辺的ルート

NO

YES

| 精緻化の能力 |
| 情報処理の精緻化の能力があるか |

NO

| 周辺的処理 |
| 手がかりを利用して「感情的」に処理 |

YES

| 中心的処理 |
| 情報を「分析的（合理的）」に処理 |

中心的ルート

態　度

出典）R.E.Petty,J.T.Cacioppo『Communication and persuasion』(1986)

関与と知識のレベルがブランド選択行動に与える影響

		消費者の関与レベル	
		高	低
ブランド間知覚差異	大	複雑な情報処理を伴う購買行動	バラエティー・シーキング
	小	認知的不協和の低減	慣性型購買行動

出典）Assael (1987)

▸ ライフスタイル

05 ものごとに対する価値観

　関与、知識のように情報処理過程に直接、関係しているわけではありませんが、消費行動に影響を与えるその他の心理的要因に態度、ニーズ、価値観、興味・関心、革新度、リスク許容度などがあります。

　人間のプロフィールとしての心理的特性は、人口統計特性である年齢、性別、世帯規模、家族のライフサイクル、所得、職業、学歴などの**デモグラフィックス**と対比して**サイコグラフィックス**と呼ばれます。その中でも消費行動と強い関連がある「人生観・価値観・習慣などを含めた個人の生き方や生活の様式」は**ライフスタイル**と呼ばれ、マーケティングの実務ではよく分析されます。

　各消費者のライフスタイルは、通常、アンケート調査を行って**AIO尺度**（Activities、Interests、Opinions）や自尊心、安心感、達成感などに関する複数の質問をすることによって測定します。

　マーケティングで使われる有名なライフスタイル分析には、米国発祥のミシガン調査研究センターによる**LOV**（List of Value）や、スタンフォード大学研究所による**マズロー（1954年）の欲求5段階説**と社会特性概念にもとづいて開発された**VALS**（Value and Lifestyle）があります。後者は、日本人の特性に合わせて改良されたJapan-VALSも開発され（たとえばVALSの宗教観に関する質問などは削除）、日本の消費者を10のライフスタイルグループ（革新創造派、伝統尊重派、社会達成派、自己顕示派、伝統派アダプター、社会派アダプター、自己派アダプター、同調派、雷同派、つましい生活派）に分類しています（http://jds.ne.jp/sri-vals.html）。

30秒でわかる！ ポイント

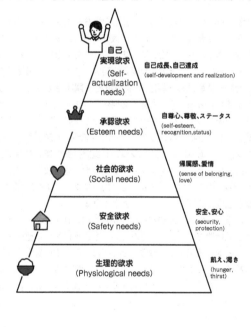

マズローの欲求5段階説

自己
実現欲求
(Self-
actualization
needs)

自己成長、自己達成
(self-development and realization)

承認欲求
(Esteem needs)

自尊心、尊敬、ステータス
(self-esteem,
recognition, status)

社会的欲求
(Social needs)

帰属感、愛情
(sense of belonging,
love)

安全欲求
(Safety needs)

安全、安心
(security,
protection)

生理的欲求
(Physiological needs)

飢え、渇き
(hunger,
thirst)

出典）アブラハム・H・マズロー『Motivation and Personality』

▶消費者購買行動のプロセス

01 消費者は何に引かれるのか

　消費者（O）のメカニズムを考慮しないSRモデルの限界は、購買や閲覧などの行動履歴のみを用いた機械学習によるマーケティングでは不十分であることを示唆しています。目に見えない消費者の内部を理解するためには、どのような変数を観測するべきか、**購買プロセス（問題認識 → 情報探索→評価 → 購買決定→ 購買後の行動という段階があります）**にもとづいて考える必要があります。ただし、たとえば衝動買いの場合のように、すべての段階を通る必要はありません。

　消費者行動の分析では、カテゴリー内のブランド競争がマーケターの大きな関心であるため、特に**ブランド選択行動に焦点が当てられます**。右図を見ると、デモグラフィック属性や家庭・教育・生活などの環境がその人のライフスタイルや心理的プロファイルを形づけ、それが知覚と態度に影響していることがわかります。

　さらに選好（効用）は知覚と態度から形成されます。たとえば、トヨタ車が低燃費であると知覚されていても、車に対する態度が低燃費よりデザインを重視する消費者にとってはトヨタ車に対する選好は必ずしも高くはなりません。そしてブランド選択に直接的な影響を与える要因は、消費者のブランドに対する選好と状況（予算、在庫の有無など）やマーケティング刺激（価格、広告、口コミ、プロモーションなど）です。

　この図によると、**デモグラフィック属性はブランド選択から一番遠い位置にあります**。初心者はセグメンテーションというと、デモグラフィック属性を使いたがりますが、この判断には注意が必要です。

30秒でわかる! ポイント

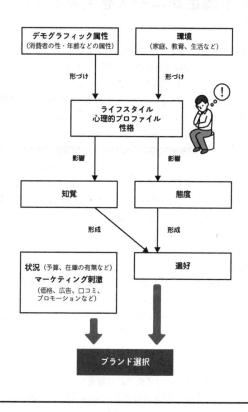

消費者の購買行動分析

デモグラフィック属性
(消費者の性・年齢などの属性)

環境
(家庭、教育、生活など)

形づけ

形づけ

ライフスタイル
心理的プロファイル
性格

影響

影響

知覚

態度

形成

形成

状況 (予算、在庫の有無など)
マーケティング刺激
(価格、広告、口コミ、
プロモーションなど)

選好

ブランド選択

▶問題認識、情報探索

02 **不満足がニーズを生み出す**

　右上図は、各購買段階において実務家や研究者がよく用いる変数です。

　購買プロセスは、消費者が内的な刺激（生理的欲求）や外的な刺激（広告、口コミなど）から問題を認識したり新たなニーズを欲したりすることで始まります。マーケターは**どのような刺激がニーズを喚起するのか**、たとえば商品の新たな用途の宣伝、ＳＮＳによる口コミの拡散などを理解することで市場の拡大につなげることができます。

　次の段階では、**問題解決のために積極的な情報探索が始まります**。情報源としては個人的（口コミ、ＳＮＳなど）、商業的（広告、店舗など）、公共的（マスコミ、第三者）、経験的（自身の使用など）なものがあり、同時にそれらの情報の信頼性も考慮されます。また情報探索の範囲や処理は、ＥＬＭ（3-4参照）で説明されたように、関与や知識のレベルにより異なってきます。

　情報探索の結果、市場に出回っているさまざまなブランド（**入手可能集合**）の中で知っている商品（**認知集合**）があり、そのうちのいくつかがこの消費者のニーズを満たすことになります（**考慮集合**）。

　人間の情報処理資源は有限なため（これを**限定合理性**と呼びます）、選択肢が多い場合は、さらに絞り込んで購買の候補となる**選択集合**にまで減らすことになります。商品カテゴリーによって異なりますが、選択集合に含まれるブランドの数はたかだか2〜5個ということが既存研究からわかっています。したがって自社のブランドが各段階の、より小さい集合に残り続けて最終的に購買されるためには、マーケターはどの情報源をどう活用すればよいかを理解する必要があります。

30秒でわかる! ポイント

情報探索

購買行動のプロセスと検討対象となる変数

段階	問題認識	情報探索	評価	購買	購買後の行動
変数	ニーズの喚起 家庭内ストック (在庫、食料、 日用雑貨など)	認知集合 考慮集合 選択集合	知覚 選好	時期 場所 選択 量	満足 口コミ

出典)Roberts and Lilien (1993) を
もとに修正

これが欲しい!　　　　　　よし
これがない!　　　　情報を集めよう

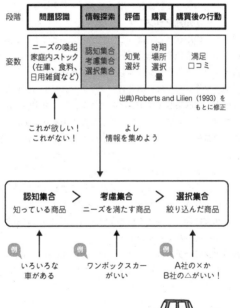

認知集合	>	考慮集合	>	選択集合
知っている商品		ニーズを満たす商品		絞り込んだ商品

例　　　　　　　　　　例　　　　　　　　　例

いろいろな　　　　ワンボックスカー　　　A社の×か
車がある　　　　　　がいい　　　　　　　B社の△がいい!

④ 消費者行動のプロセス

▶ 知覚と評価

03 ブランド・イメージの形成

　消費者がどのような評価軸を用いてブランドを知覚しているのかを図示したものが**知覚マップ**です。

　知覚マップの用途としては、どのブランドがどのような観点で類似しているかという競争構造分析、既存ブランドのイメージや評判の分析、新規ブランドのポジショニングなどがあります。

　知覚マップ作成の際は、消費者のブランドに対する知覚をアンケート調査によって収集しますが、どのようなデータを用いるかによって属性アプローチと非属性アプローチの2種類があります。

　属性アプローチでは、ブランドのもつさまざまな属性（特徴）に関する評定データから、それらの相関関係にもとづいて背後にある少数の評価軸（因子）を抽出して、それを軸としたマップ上にブランドを付置します。この手法の利点は、質問項目に使われた属性と抽出された因子との関係から軸の解釈やネーミングが容易になることですが、消費者の知覚に影響を与える重要な質問項目が欠けていると、間違ったマップが形成されてしまいます。

　非属性アプローチでは、ブランド間の類似度に関する知覚データをマップ上のブランド間の距離に反映させます。この手法では属性を特定せずに全体的な類似度を尋ねているため、属性を見落とす危険性がないだけでなく、言語表現のむずかしい属性や回答者によって解釈が異なってしまう属性を質問項目に含める必要がありません。難点は、マップを回転させてもブランド間の距離（類似度）は変わらないため、方角が決まらず軸の解釈がむずかしいことです。

30秒でわかる！ ポイント

知覚マップ作成例（因子分析を利用）

【例】ビールのブランド
①コクがある、②キレがある、③後味がすっきりしている、④喉ごしがよい、⑤飲み応えがある、⑥重厚な味であるという6つの項目（属性）で各ブランドを評価してもらう

回答者	ブランド	コク	キレ	後味	喉ごし	飲み応え	重厚
1	スーパードライ	2	5	4	4	3	1
	一番搾り	2	3	5	3	1	1
	エビス	5	1	2	3	5	5
	モルツ	4	3	4	2	2	3
2	スーパードライ	2	5	3	4	3	2
	一番搾り	2	3	5	3	2	1
	エビス	5	2	1	2	4	4
	モルツ	4	2	3	3	2	3
3	スーパードライ	1	5	3	4	2	2
	一番搾り	3	4	5	3	1	1
	エビス	5	1	2	2	5	4
	モルツ	4	2	3	2	3	2

※データは仮想例

得られた知覚マップ

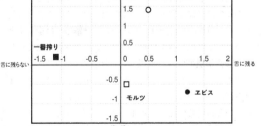

④ 消費者行動のプロセス

> 選好

04 どのブランドがお気に入り？

消費者は自身のニーズを満たすために、製品やサービスを属性の束と見なして、そこから得られるベネフィットにもとづいて選好を形成し、購買を判断します。選好を量的にあらわした経済学の概念である「効用」にもとづくと、選好の形成には2つのタイプがあります。

第1のタイプは、ブランドの劣っている属性はほかの優れた属性で補えるため「**補償型**」と呼ばれています。たとえば品質が悪くても、それ以上に価格が低ければ、その製品に対する選好が高まるようなケースです。その中でも代表的な方法が**加算型**と呼ばれ、各属性から得られるベネフィット（これは部分効用と呼ばれます）をその属性が選好に貢献する重要度で重みづけすることにより効用を算出します。

第2のタイプは、ブランドの劣った属性はほかの属性が優れていても選好が高まらないため「**非補償型**」と呼ばれ、主な選好の形成方法には連結型、分離型、辞書編纂型があります。**連結型**は、考慮すべきすべての属性で必要条件のレベルを満たしたブランドのみが選好の範囲に入るAND型の形成方法です。一方、**分離型**では少なくとも1つの属性で十分条件のレベルを満たすブランドが選好されるOR型の形成です。**辞書編纂型**では、重視すべき属性の優先順位にもとづいて、必要条件のレベルを満たさないブランドは選好から除外されます。

これら補償型と非補償型の両方が使われる場合もあります。たとえば選択肢が多い場合には情報処理の負荷を減らすために、まず非補償型によって候補をスクリーニングし、残った少数の選択肢に対して補償型を用いるケースがよく見られます。

30秒でわかる！ ポイント

補償型・非補償型の計算例

10段階評価による比較表

コンピュータのブランド	メモリ容量	グラフィック容量	ソフトの使用可能性	価格
A	10	7	6	8
B	8	8	8	3
C	6	8	10	5
D	4	3	7	8

選好の形成方法

必要条件（連結型）	7以上	6以上	7以上	2以上
必要条件（分離型）	9以上	9以上	9以上	9以上
優先順位（辞書編纂型）	3位	4位	2位	1位

選ぶのは？

連結型なら、すべての必要条件を満たすもの
→「B」
分離型なら、どれか1つの条件を満たせばよい
→「A」か「C」
辞書編纂型なら、まず価格で評価、同位ならソフトで評価
→「D」

④ 消費者行動のプロセス

▶顧客満足

05 大きな影響力をもつ 購買後の顧客

　顧客が製品・サービスを購買・消費したあとの行動は、インターネットの発達とともに、以前にも増して影響力を高めています。満足した顧客は、リピート購買の可能性が高まるだけでなく、**「最高の広告は満足した顧客である」**といわれるように、SNSや友人へのポジティブな口コミによってほかの消費者からビジネスを得る機会につながります。逆に不満をもった顧客は商品を返品したり、ネガティブな口コミを流したり、公的手段による苦情や訴訟を起こしたりします。

　そのため、近年、多くの企業は業績指標の1つに**顧客満足度（CS : Customer Satisfaction）**を取り入れています。たとえば日本生産性本部は、2009年度から毎年、大規模なアンケートにより、業種横断的に比較・分析が可能な「日本版顧客満足度調査」を行っています。

　顧客満足は購買後の知覚パフォーマンス（価値）と購買前の期待との差で規定されます。通常、消費者は高価格の製品・サービスに対しては高い期待を抱くため、価格以上のパフォーマンスをもたらさないと満足度は上がりません。また、買ってもらうために誇大広告などで商品に必要以上の期待を抱かせてしまうと、不満足につながってしまいます。そのため、どこまで期待を上げるべきかのバランスは微妙です。そのほか、満足度を上げるために購買後、たとえば祝福のダイレクトメール（DM）を送ったりすることもあります。また「売上ナンバーワン」という広告メッセージには、潜在顧客を引きつけるのみならず、すでに購買した顧客に対して「あなたは正しい選択をしましたよ」と確信を与え満足度を高める効果があります。

30秒でわかる！ ポイント

JCSI（Japan Customer Satisfaction Index）による 顧客満足の因果モデル

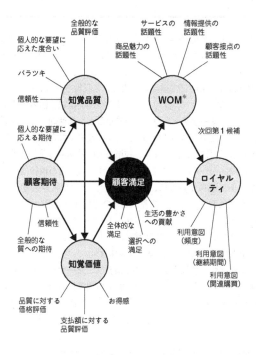

全般的な
品質評価

個人的な要望に
応えた度合い

バラツキ

信頼性

知覚品質

個人的な要望に
応える期待

顧客期待

信頼性

全般的な
質への期待

知覚価値

品質に対する
価格評価

支払額に対する
品質評価

お得感

顧客満足

全体的な
満足

生活の豊かさ
への貢献

選択への
満足

サービスの
話題性

情報提供の
話題性

商品魅力の
話題性

顧客接点の
話題性

WOM※

次回第1候補

ロイヤル
ティ

利用意図
（頻度）

利用意図
（継続期間）

利用意図
（関連購買）

※WOMとは口コミのこと。他人に話す際、肯定的な内容とするか、否定的な内容とするかの話題性

▶ 情報の収集手段

01 | # なにごとも情報収集が大事

　マーケティング情報の収集手段には大きく分けて、①社内記録、②マーケティング・インテリジェンス活動、③マーケティング・リサーチの3つがあります。

　社内記録は企業の日常業務の一環として収集されるデータであり、受注や販売情報、サプライヤーとの注文や納品情報、顧客情報などが含まれます。**マーケティング・インテリジェンス活動**では、企業の意思決定の質と効率を高めるために、日々、業界や競合会社の動向、現場のニーズや課題、政治・経済、技術などの外部環境などに関する情報を、組織的かつ系統的に収集しています。これらの情報は、マスコミ、ネット、図書館以外に、営業・販売担当者や流通業者、ディーラー、小売業者などの仲介業者、業界の刊行物や展示会、競合会社、調査会社やシンクタンクのシンジケート・データなどから得られます。

　これら2つが、企業の日常業務において生産、会計、人事などマーケティング以外の部門でも使われるのに対して、特定のマーケティングに関する課題と意思決定に必要な情報は、**マーケティング・リサーチ**によって収集します。データは、特定の調査目的のために収集される1次データと別の目的ですでに収集された2次データとに分類できます。マーケティング・リサーチでは、まず社内記録やマーケティング・インテリジェンス活動で蓄積された社内外の2次データを検討し、それが不十分であれば課題にふさわしい新たな情報を1次データの形で社内外から収集します。1次データの例には、顧客へのアンケート調査や店頭の様子を観察するミステリーショッパーなどがあります。

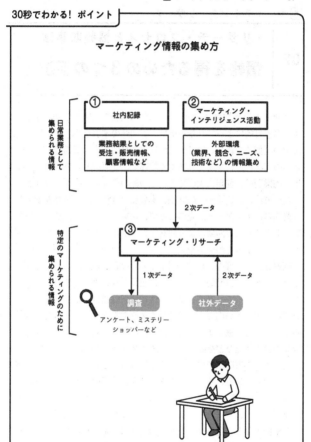

マーケティング情報の集め方

日常業務として集められる情報

① 社内記録
業務結果としての受注・販売情報、顧客情報など

② マーケティング・インテリジェンス活動
外部環境（業界、競合、ニーズ、技術など）の情報集め

2次データ

特定のマーケティングのために集められる情報

③ マーケティング・リサーチ

1次データ　調査　アンケート、ミステリーショッパーなど

2次データ　社外データ

▶ リサーチ・プロセスと情報収集法
02 | 情報を得るための3つの手法

　リサーチの最初のステップは、問題の特定と調査目的の明確化です。調査目的によってリサーチは、①問題の本質を明らかにして意思決定の選択肢や新しいアイデアの創出を目的とする**探索型**、②市場や顧客の状況把握にフォーカスする**記述型**、③原因と結果の関係を導き出す**因果型**の3種類に大別でき、その先の調査計画を方向づけます。

　調査方法は、質問法、観察法、実験法の3種類に分類できます。

　質問法はアンケート調査のことで、留置き、郵送、電話、インターネットを通じた質問票による回答、ショッピングセンターなどの会場で行われる1対1の面接やグループ・インタビューなどが含まれます。

　観察法では、顧客の購買や情報探索行動を収集します。購買は、ネットであれば自動的にサーバーに記録され、実店舗であればポイントカードによって収集できます。情報探索行動は、ネットならばページ閲覧履歴、店舗内であれば防犯カメラや調査員による消費者の行動観察によって収集します。そのほか、消費者の生活に1日付き添って製品の使用状況などを観察するエスノグラフィーなどもあります。

　観察法では質問法で生じるような無意識あるいは意図的な回答バイアス（偏り）を避けることができますが、人間の意識のような観察できないデータは収集できません。

　実験法では、主に因果関係を科学的に検証するために、原因となりうる要因のみを変化させて、残りの条件は一定のもとで結果の違いを考察します。ただし、実験法では、同時に変化させる要因の数に限りがあります。

30秒でわかる！ ポイント

マーケティング・リサーチのプロセスと調査方法

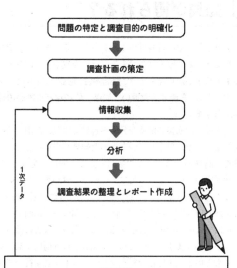

```
問題の特定と調査目的の明確化
        ↓
    調査計画の策定
        ↓
      情報収集
        ↓
       分析
        ↓
調査結果の整理とレポート作成
```

1次データ

調査方法

質問法	面接（訪問、街頭、店頭、集団）、電話、郵送、留置き（日記調査：たとえば製品の使用記録など）、インターネット
観察法	参与観察（対象者と接触あり） 非参与観察（対象者と接触なし、ミステリーショッパーなど）
実験法	フィールド実験（テスト・マーケティング） 実験室実験（たとえば模擬的な売場を設定）

▶ アンケート調査

03 | どうすれば有益な知見が得られる？

　マーケティングで一番身近な1次データの収集方法は、**アンケート調査**でしょう。質問票を作成する際には、回収率を上げるとともに回答にバイアスがかからないよう、**質問内容、形式**（自由記述、選択式、尺度選択など）、**表現や言葉遣い、順序、体裁**などに細心の注意を払う必要があります。

　選択式の場合は回答の解釈や分析が容易ですが、自由記述では回答に制約がないため、想定していなかった知見が得られることがあります。また、暗黙の意味を含んだ単語・表現の使用は避けるべきです。たとえば「安い」は、値段以外に「チープで質が悪い」という意味合いももつことがあります。質問の順序は、興味深い項目を最初に、回答がむずかしい質問や個人情報に関する質問は最後に回すべきです。

　質問票は分野の専門家が作成するため、一般回答者には自明ではない場合も多々あります。そのため、本調査を行う前に少数の対象者に回答してもらい確認・修正を行うプリ・テストを必ず行います。

　もう1つ、マーケティングで多用される調査が**グループ・インタビュー**です。フォーカスグループ調査とも呼ばれます。1対1のインタビューと違って参加者間の相互作用からより深い知見を得ることを目的としています。参加者に十分な発言の機会を与えるために、通常は5〜10名の少人数で行います。この調査で**特に重要なのは司会者の役割**です。課題に対する知識が豊富で、適宜、質問を投げかけて議論を活性化させ、参加者の本音や新たな知見を導き出すのと同時に、本質からそれすぎないように舵取りを行うスキルが求められます。

30秒でわかる! ポイント

グループ・インタビューにおける
司会者の役割

インタビュー進行の望ましくないケース

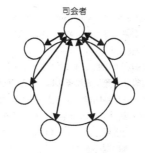

司会者

インタビュー進行の望ましいケース

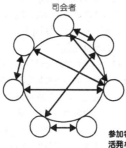

司会者

**参加者相互の
活発な意見交換を
促している**

▶調査計画

04 調査計画の策定と情報収集

　調査計画は、調査の時点と集団が単一か複数かによって右図のように分類できます。新製品導入のための市場調査であれば単一時点、ブランド・イメージの変化を継続的に調査するような場合は複数時点に、また、対象市場や顧客の比較では複数集団に調査が行われます。

　1次データを収集する際に決めるのは、サンプリング計画です。まずは調査対象、つまり母集団は誰かを決めます。たとえば、あるバス路線の顧客満足度の調査では、母集団をバス路線の利用客にするのか、非利用客も含めた近隣住民にするのかによって、結果に大きな違いが出てきます。調査の関心が現状の利用客であれば前者、バス路線の潜在的な需要であれば後者になります。

　次に、母集団からどのように標本を抽出するべきかを決めます。

　無作為抽出法は、できるだけ偏りのない標本を効率よく選ぶ方法です。通常、標本サイズが大きいほど母集団の特性を正確に推測できます。また無作為抽出法は統計理論にもとづくため、推測の誤差を導出できます。逆にいえば、一定の精度で母集団の特性を推測したい場合の標本サイズ、つまり必要な回答者の数を決定することができます。

　訪問調査などでは、単純無作為抽出法を使うと標本の世帯がさまざまな地域に散らばり、データ収集の効率が悪くなります。そこで、まず自治体を無作為に抽出し、次にその自治体から世帯を無作為に抽出する**層化抽出法**が使われます。調査対象者の発見や無作為抽出が困難な場合は**有意抽出法**を用います。統計的な精度は得られませんが、仮説構築のための探索型調査やグループ・インタビューに適用できます。

30秒でわかる！ ポイント

調査計画の立て方と標本調査

時間軸・対象集団数による調査設計の類型

	調査対象	
	単一の集団	**複数の集団**
単一時点	**横断的調査** 単一の集団に対して1回だけ行う調査 例：キャンペーン認知調査	**比較調査** 同一時点で同一の調査項目を複数の集団に対して行う調査 例：地域比較調査
複数時点	**パネル調査** 同一の対象者に対して繰り返し行う調査 例：食卓メニュー調査	**オムニバス調査** 同一の調査項目を調査時点ごとに選び直した集団に対して行う調査 例：年次ブランド・イメージ調査

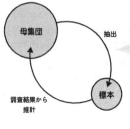

母集団 → 抽出 → 標本

調査結果から推計

標本調査のイメージ

標本数を決める際の考慮要因

・予算
・時間
・ブレイクダウンに利用する属性の有無と数
・求められる精度
・調査内容と想定される回答分布

▶POSデータから脳科学まで

05 進化する マーケティング・リサーチ

　IT技術の進歩とともに、マーケティング・リサーチのデータ収集方法も進化しています。店舗で各商品がどれだけ売れたかというPOSデータは、ポイントカードの仕組みを使うことによって、**誰が買ったかという情報を付与したIDつきPOSデータへと進化**しました。

　このデータを使えば、新製品の購入がトライアル購買なのかリピート購買なのかを区別したり、個人内のブランド・スイッチのパターンを理解したりすることができます。また、インテージなどのリサーチ会社は、モニター世帯にポータブル・スキャナーを配布して、ポイントカードの仕組みがない店舗での購買も捕捉しています。

　さらに最近では、消費者の生理的反応を収集・分析する**ニューロ・マーケティング**と呼ばれるリサーチも広まりつつあります。近年ではアイ・トラッキングを使って消費者が何に注視・着目しているか、fMRI（機能的磁気共鳴映像）を使って脳のどの部位が活性化しているか、ポリグラフを使って脈拍・脳波・心電図・血圧など複数の生理現象を計測することにより、消費者が意識していない反応、あるいは質問法では得られない情報を収集・分析しています。

　消費者自身が認識していない深層心理を導き出すリサーチ手法には心理学者ガットマン（Guttman）の手段目的連鎖モデルにもとづいた「**ラダリング**」があります。この手法では、対象者に「なぜ、それが重要なのか」を繰り返し聞くことによって商品・サービスの属性を機能的ベネフィット、さらに情緒的ベネフィット、そして最終的には価値観へと、具体的から抽象的へとつながる「ハシゴ」を構築します。

30秒でわかる！ ポイント

ラダリングによるリサーチ

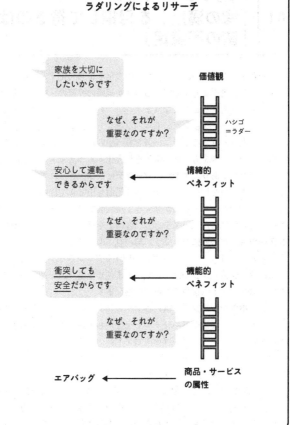

▶ セグメンテーション

01 「皆の満足」を目指して得るのは「皆の不満足」

消費者がみな同質であれば、彼らの満足度を最大化する製品・サービスを大量に効率よく生産できる企業が規模の経済のメリットを享受して市場を独占することになります。

しかし、マーケティングの基本的な考え方は、消費者はみんな違っていて1人ひとり異なったニーズをもっているということです。

異なったニーズをもつ顧客満足を最大化するうえで一番効果的な方法は個別対応であり、**1 to 1 マーケティング**と呼ばれています。近年ではIT技術を使ってそれが可能な側面も出てきてはいますが、一般的には労力とコストがかかりすぎて現実的ではありません。

そのため類似したニーズをもつ顧客同士をグループ分けする**セグメンテーション**が必要になります。均一対応のマスマーケティングと個別対応の1 to 1マーケティングの中間がセグメンテーションです。

次に**ターゲティング**では、企業はさまざまな要件にもとづいて標的とするセグメント（複数でも可）を選びます。

そして**ポジショニング**では、各セグメントの顧客満足を高めるために、どのような価値やベネフィットを提供し、競合とどう差別化をはかるべきか、という位置づけを決めます。

セグメンテーションが有効であるためには、各セグメントが、①測定可能（規模、需要、ニーズ、満足度などを測定できるか）、②到達可能（販売経路や広告対象でアクセスできるか）、③維持可能（利益が上げられるほど十分な規模があるか）、④実現可能（効果的なマーケティング・アクションをとれるか）である必要があります。

30秒でわかる！ ポイント

STPプロセス

S
セグメンテーション

- ●ニーズによってセグメントを分ける
- ●プロファイリングによって各セグメントを描写し、アクセス手段を考察
- ●自動的にデモグラフィックス(性別、年齢、居住地域、職業などの人口統計学的属性)を使ってセグメント化しないようにする
  - ➡同じデモグラフィックでもニーズが大きく異なる可能性がある
  - ➡セグメントの数が多くなる

T
ターゲティング

- ●SWOT分析などで各セグメントの魅力度を評価
- ●ターゲット・セグメントを選択し、資源配分を決定
- ●ターゲット・セグメントに属する顧客を識別(判別分析)

P
ポジショニング

- ●製品の位置づけを決める
  - ➡どのような価値やベネフィットを提供するか?
  - ➡競合とどう差別化をはかるか?

STP の具体例は1-4のアスクルの事例参照

▶ プロファイリング

02 主顧客の特徴を把握する

セグメンテーションにおいて初心者が犯しやすい間違いは、市場をとりあえず性別、年齢、年収などのデモグラフィック属性でグループ分けすることです。

そこでの問題点は、**同じ性別、年齢の顧客でもニーズが大きく異なる可能性がある**ということと、用いる属性の数が増えるにつれてセグメントの数が幾何級数的に増えてしまうことです。

たとえば性別（男女）と年齢（10、20、30、40、50、60〜代）だけでも12個のセグメントが形成されてしまいます。

セグメンテーションの目的は顧客満足ですから、**重要なことはニーズにもとづいてセグメント分けすること**です。

ニーズの異なるセグメントを抽出したら、次のステップは、それらの特徴を描写する**プロファイリング**です。これは各セグメントに属する顧客像を把握することによって、この先のターゲティングとポジショニングに大きく役立ちます。

右図のように、プロファイリングに用いられる変数は大きく分けて**顧客特性**と**消費行動特性**の2つがあります。

前者には人口統計的要因、地理的要因、心理的要因などが含まれます。後者の消費行動的要因には、消費パターン、ロイヤルティ、価格感度、特売反応などが含まれます。

30秒でわかる！ ポイント

プロファイリングの基準変数

顧客特性

人口統計的要因（デモグラフィック属性）

性別、年齢、職業、収入、家族構成、ライフステージ、
人種、教育水準、世代、社会階層など

地理的要因（ジオグラフィック属性）

居住地域、国の違い、文化、気候、人口密度など

心理的要因（サイコグラフィック属性）

ライフスタイル、価値観、性格、宗教など

消費行動特性

消費行動的要因（ビヘイビアル属性）

消費パターン（ライトユーザー、ヘビーユーザー）、
ロイヤルティ、価格感度、特売反応など

▶ セグメント分けとプロファイリング
頭痛薬に求めるのは
「胃へのやさしさ」？「痛み止め効果」？

　具体的な進め方を説明するために、頭痛薬に関するセグメンテーションとプロファイリングの例を紹介します。

　まずは自由回答やグループ・インタビューによる探索的調査から、頭痛薬にどのようなニーズがあるのかを聞き出します。主なニーズに、「胃へのやさしさ」と「痛み止め効果」があがったとしましょう。

　次は、これらのニーズに対する重要度と顧客特性・消費行動特性を聞くアンケート票に答えてもらいます。ニーズに関する質問項目をクラスター分析にかけると、**類似したニーズをもつ回答者同士が同一セグメントに振り分けられます**。

　右図では、セグメントAは「胃へのやさしさ」を、セグメントBは「痛み止め効果」を、より強く求めています。

　最終的なセグメント数は、①セグメント内の同質性をあらわす統計的な基準、②ビジネスにおけるベネフィットとコスト、③セグメントに属する顧客へのアクセスと差別化の容易度、④ビジネス的な解釈の容易度を考慮して決めますが、通常10を超えることはまれです。

　プロファイリングでは、先のアンケート票で回答してもらった**顧客特性**と**消費行動特性**をその顧客が属するセグメントに関連づけます。

　代表的な手法には、統計の判別分析、機械学習の決定木があります。右図では、セグメントAが高齢で低所得者、セグメントBが中年齢で中所得者になっています。ここでは単純化のために2つの顧客特性しか取り上げませんでしたが、そのほか購買頻度やメディア接触状況などの消費行動特性は、戦略を構築するうえで重要な要因になります。

30秒でわかる! ポイント

頭痛薬の例

STEP1 **セグメンテーションを行う**

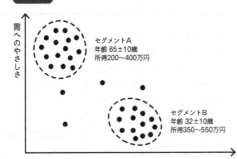

セグメントA
年齢 65±10歳
所得200〜400万円

セグメントB
年齢 32±10歳
所得350〜550万円

縦軸: 胃へのやさしさ
横軸: 痛み止め効果

STEP2 **プロファイリングを行う**

方法1

統計の判別分析
セグメント分けに有効なプロファイル変数の
線形加重和を推定　（17−2参照）

方法2

機械学習の決定木
セグメント分けに有効なプロファイル変数を
逐次的に探索　（17−2参照）

▶ ターゲティング

04 | 対象とする主顧客を決める

"ターゲットを明確にする"とは、どのようなニーズのあるセグメントを対象にマーケティング活動を行うかを明らかにすることです。

ここでは、事業領域の選択で用いた**SWOT分析**（2-3参照）をセグメントに適用することが有用です。つまり、各セグメントにおける企業の内部環境である強みと弱み、そして事業を取り囲む外部環境である機会と脅威を、それぞれ要因別に評価して統合することにより、**ターゲットとすべきセグメントの優先順位**を明確にできます。複数セグメントを選択する場合は、それらの資源配分にも役立ちます。

また、セグメント内における競争構造を把握するために**知覚マップ**（4-3、7-2参照）を構築することは、ポジショニングにも関係しているため有益です。

右図のように、**ターゲティング戦略は大きく6つに分類できます。**

まずフルカバレッジ（全部対応）には、全セグメントに単一の製品で対応する無差別型と、1つひとつのセグメントに個別の製品を対応させる差別型という2つの両極端なパターンがあります。前者の典型例は黒色のT型フォード（自動車）ですが、成熟した現代経済ではまれです。残りの4パターンはセグメント（市場）と製品が単一か複数かで分類されます。

最後に、ターゲットを選択するということは、対象としないセグメントを明確にすることと同じです。競争の激しい市場において、八方美人では生き残れません。ターゲット以外の顧客からの不満足は、ある程度、割り切る必要があります。

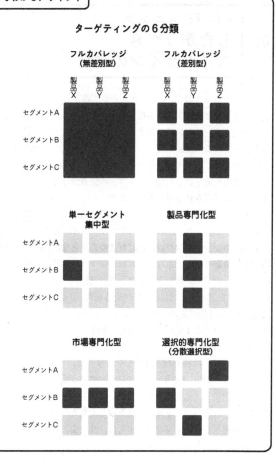

ターゲティングの6分類

フルカバレッジ（無差別型）

	製品X	製品Y	製品Z
セグメントA			
セグメントB			
セグメントC			

フルカバレッジ（差別型）

	製品X	製品Y	製品Z
セグメントA			
セグメントB			
セグメントC			

単一セグメント集中型

セグメントA			
セグメントB	■		
セグメントC			

製品専門化型

セグメントA		■	
セグメントB		■	
セグメントC		■	

市場専門化型

セグメントA			
セグメントB	■	■	■
セグメントC			

選択的専門化型（分散選択型）

セグメントA			■
セグメントB	■		
セグメントC		■	

05 ▶ ポジショニング
したがうべき
ガイドラインの確定

　ポジショニングは、「ターゲットとする顧客のニーズに対して、どのような価値を提供すれば満足を最大化できるのか」というコンセプトを確定するプロセスになります。そのためには、なぜ競合他社の製品を買わずにこの製品を買うべきなのかという明白な理由を提案する必要があります。その重要性から**戦略的ポジショニング**とも呼ばれ、その一側面をあらわした知覚マップ上の位置づけである製品ポジショニングとは区別される場合もあります。

　フェラーリの高性能とレースにおける神話、ロレックスの職人技と高貴なイメージ、コーチの品質とデザインなどからわかるように、**一番有効なポジショニングは、他社がまねのできない、競争できない独自の地位を築くこと**であり、これは知覚マップに新たな軸を加えることと同じなのです。新たな軸には、製品属性（インクを消せるボールペン）、ベネフィット（しみない歯磨き粉）、用途（プロ用、シニア向け）、ＴＰＯ（朝の缶コーヒー、金曜はプレミアム・モルツ）、新しいカテゴリー（どこまでも走れる電気自動車）などの視点が有効になります。

　ただし「言うは易く行うは難し」です。先にあげた企業は、製品、価格、広告・販促、流通という４Ｐすべての側面において整合性のあるマーケティング活動に多大な時間と労力を投資した結果、他社がまねできない独自のポジショニングを成しえたものなのです。

　独自のポジションを築けない場合は、他企業と同じセグメントにおいて競合することになります。

30秒でわかる！ ポイント

ポジショニングの考え方

顧客のニーズ に対して
どんな 価値提供 をして
満足を最大化 するのか

→ コンセプト
を確定する

 なぜこの製品を
買うべきなのかを
明確にする！

 ポジショニング

他社がまねできない独自の地位
(ポジション)を築くことが理想的。
ただし、実現はむずかしい

▶ 競争戦略パターン

06 市場で「勝つ」には？

　同一の市場やセグメントに存在する複数企業は、その競争位置と役割によって、トップシェアをもつリーダー、2〜3番手のチャレンジャー、上位企業に追従するフォロワー、そして小規模なセグメントや領域に特化したニッチャーの4つに分類されます。

　リーダーは競合企業からシェアを守り拡大するために、全方向を対象とするフルカバレッジ戦略をとります。新たなセグメントや製品に競合企業が参入したあと、その魅力度を見極めてから、強力な4Pのマーケティング資源を使って類似製品でシェアを奪還する同質化戦略も用います。さらにトップシェアのゆえ、市場全体が拡大すると一番恩恵を受けるのもリーダーです。リーダーが市場を拡大する方法には、新規ユーザーの開拓、新しい用途の提案、使用量の増加の3つがあります。また、安易な価格競争は、市場全体の利潤低下につながることもあるため、通常はリーダーからはしかけません。

　チャレンジャーは差別点を追求し、徹底的に顧客に訴求することにより、リーダーを脅かします。同時に、下位シェアで財源の不足している企業や小規模な地域企業に攻撃をしかけることもあります。

　フォロワーは市場に後発で参入し、革新を避けることによってイノベーションや市場開拓のコストを節約します。ほかに、双璧、ビッグ3、四天王など業界一流集団の一員であることを訴求する同格化戦略、OEMやPBなどの受託製造戦略などをとることもあります。

　ニッチャーは、規模や特殊性の観点から他企業には魅力的ではない特定のニーズをもつセグメントでミニリーダーを目指す戦略です。

30秒でわかる！ ポイント

市場地位に応じた戦略パターン

		リーダー	チャレンジャー	フォロワー	ニッチャー
戦略課題		市場規模拡大と市場シェア	市場シェア	利潤	利潤・名声
基本戦略方針		全方位	対リーダー差別化	模倣	集中
マーケティング・ミックス戦略	製品	フルライン	対リーダー差別化	中・低位ライン	限定ライン中・高品質以上
	価格	中・高レベル	差別化による価格実現	低価格	中〜高価格水準
	流通	開放型	対リーダー差別化	価格訴求チャネル	限定・特殊チャネル
	プロモーション	中・高レベル	対リーダー差別化	低水準	特定セグメント・訴求ポイント集中

リーダーは全方向を対象にフルカバレッジ戦略をとる

後発で市場参入、イノベーション・市場開拓コストを節約

差別点を追求して、徹底的に顧客に訴求

特定のセグメントでミニリーダーを目指す

▶ 戦術の立案

07 | 戦略と統合された マーケティング戦術

　ＳＴＰの次のプロセスは、マーケティングの目的を達成すべく４Ｐ（マーケティング・ミックスとも呼ばれます）を組み合わせて戦略と一貫性のあるものに統合したマーケティング戦術を施策することです。

　製品（Product）では、機能やベネフィットのみならず、デザインやパッケージ、サイズ・容量、販売単位などを決めます。さらに、どのようなライン（基本モデルやバージョン）をいくつ作成するべきか、そして各ラインの中にどのようなアイテム（バリエーションやフレーバー）を提供するべきかという、製品アソートメント（種類）の広さと深さも決める必要があります。

　プレイス（Place）では、中間業者（卸売業者）を使うのか、直販あるいは販社方式（ディーラー）にするのかという流通構造の長さと広さ、そして販売経路、種類（実店舗、ネット、人的販売）や店舗のタイプ（デパート、スーパー）を決めます。

　価格（Price）は、製品のサイズ・容量や販売単位とチャネルの特性も考慮して設定されなければなりません。

　プロモーション（Promotion）は、訴求内容に関する広告クリエイティブ、使用媒体、メディア計画、販売促進計画などが含まれます。

　これらマーケティング・ミックスは、戦略（目的）と整合性があるだけでなく、戦術間で互いに整合性が保たれている必要があります。

　そしていよいよ策定された戦術の実施となるわけですが、常に目的と実際の乖離（かいり）をモニターし、随時、フィードバックすることにより、継続的に軌道修正、管理をすることが重要になります。

30秒でわかる! ポイント

マーケティングの4Pを組み合わせて戦略を練る

P roduct　プロダクト

機能やベネフィット、デザインやパッケージ、サイズ・容量、販売単位、製品アソートメントの広さと深さ

P lace　プレイス

流通構造の長さと広さ、販売経路、種類(実店舗、ネット、人的販売)や店舗のタイプ(デパート、スーパー)

P rice　プライス

製品のサイズ・容量や販売単位とチャネルの特性を考慮して決める

P romotion　プロモーション

訴求内容に対する広告クリエイティブ、使用媒体、メディア計画、販売促進計画

第2部

マーケティング戦術の策定と実施・管理

【第2部で知っておきたい用語】

▼新製品開発プロセス

通常、①アイデアの創出→②アイデアの評価とスクリーニング→③コンセプトの開発→④マーケティング戦略の立案と事業性の分析→⑤製品の試作化→⑥テスト→⑦市場投入というプロセスを踏む。

▼プライシング

価格設定のこと。重要な要因はコスト、需要、競争の3つだが、企業がどれを最優先するかによって、コスト志向、競争志向、需要志向に分類できる。戦略と整合的に決める必要がある。

▼留保価格

消費者が支払ってもよいと考える価格のこと。人によって留保価格は異なり、留保価格より価格が安ければ、商品が購買されることになる。

▼AIDA

消費者の反応プロセス。製品・サービスは、注意（アテンション：A）され、興味（インタレスト：I）をもたれ、欲しい（デザイアー：D）と思われないと、購買（アクション：A）には結びつかない。

▼統合型マーケティング・コミュニケーション（IMC）

製品開発部門、広告部門、営業部門、広報部門などがバラバラにするのではなく、消費者との各接点の特色を生かした包括的なコミュニケーション・ミックスを部門横断的に計画・実行すること。

▼SP（販売促進：Sales Promotion）

直接的に人の行動（購買）の変化を促すためにインセンティブを提供すること。消費者プロモーション、トレード・プロモーション、リテール・プロモーションの3つに分類できる。

▼流通チャネル

生産者から消費者に渡るまでの生産物の移転経路のこと。流通には主に販売、配送、サービスという3つの機能があり、消費者にさまざまなベネフィットを提供する。チャネルの構造は長さと広さで規定できる。

▼垂直マーケティング・システム（VMS）

メーカー、卸売業者、小売業者がさまざまな形態で結びつき、1つの統合された流通システムとして管理されること。流通メンバー企業の結合の形態により、企業型、契約型、管理型の3タイプがある。

▼MD（マーチャンダイジングMerchandising）

適切な商品を適切な場所（売場・棚）に適切な価格とタイミングで提供するために、4Pの活動を通じて小売業者がカテゴリーを形成、編集、管理すること。

▼テスト・マーケティング

新事業・新製品の成否のリスクを評価し、市場導入前に戦略・戦術計画を修正・変更するために試験販売をすること。標準型、コントロール型、シミュレーション型の3つがある。

▸製品デザイン

01 STPと合致した製品設計

STPで定めた戦略を4Pで満たすという基本的なマーケティング・コンセプトでは、製品が提供する中核的な部分を「**便益（ベネフィット）の束**」としてとらえることが有用です。

製品戦術を策定する際の最初のステップは、この便益を具体的な製品属性に結びつけることです。消費者のもつ抽象的な価値を階層的な構造にもとづいて具体的な製品属性に落とし込む方法の1つとして、すでにラダリングを紹介しました（5-5参照）。もう1つの重要な方法は、属性空間を使った知覚マップです。

中核部分のほかにパッケージング、ブランドネーム、サイズ・容量、品質などの製品形態と、配達や設置、保証、アフターサービスなどの付随機能も含めたトータルな組み合わせとしての製品が、消費者の購買決定に影響を与えます。つまり**製品デザインとは、これら中核、形態、付随すべての要因をSTPと首尾一貫するよう決めること**です。

さらに製品戦術では、企業がカテゴリー内で提供するすべての製品を、類似した便益でグループ化された「ライン」とその中のバリエーションである「アイテム」として整理して、STPとの整合性の視点から管理する**製品ミックス**が重要です。

ラインを増やすほど、より多くのニーズの異なったセグメントに対応できますし、アイテムを増やすほど、セグメント内の細かなニーズの違いに適用できます。一方で、「ライン」や「アイテム」の増加は、イメージの希薄化、カニバライゼーション（共食い）、経営の非効率化をもたらす可能性があるため、管理がよりむずかしくなります。

30秒でわかる！ ポイント

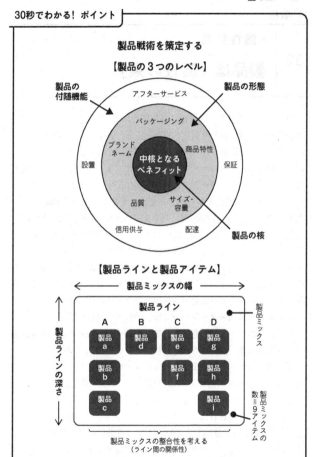

製品戦術を策定する

【製品の3つのレベル】

製品の付随機能

製品の形態

アフターサービス

パッケージング

ブランドネーム

設置

品質

中核となるベネフィット

商品特性

保証

サイズ・容量

信用供与

配達

製品の核

【製品ラインと製品アイテム】

← 製品ミックスの幅 →

製品ライン

	A	B	C	D	製品ミックス
	製品a	製品d	製品e	製品g	
	製品b		製品f	製品h	
	製品c			製品i	製品ミックスの数＝9アイテム

↑ 製品ラインの深さ ↓

製品ミックスの整合性を考える
（ライン間の関係性）

▶ 属性空間

02 製品は「属性の束」

　顧客のニーズを満たす便益は製品属性によってもたらされるので、製品の分析には、製品を属性の束ととらえて、多次元の属性空間に製品・サービスを位置づけた**知覚マップが有用**になります。

　右上図は属性アプローチである因子分析（4-3参照）から作成した「関東近郊テーマパーク」の知覚マップです。ベクトル（矢印）はテーマパークの属性をあらわし、それらを集約すると横軸はトレンディー志向vs.伝統志向、縦軸は娯楽志向vs.自然志向と解釈できます。

　各テーマパークの位置は、どのような特徴的な属性を有し、顧客にどうイメージされて、どういった便益や価値を提供しているか、競合と比較して相対的に優れている点、劣っている点が考察できます。そのほか属性ベースでの新製品開発における製品コンセプトの創出・検証、そして市場における競争構造の把握なども可能になります。

　ジョイントスペース・マップでは、消費者の選好を製品と同一の属性空間にプロットし、**顧客にとってどの属性が重視されるのかを知ることができます**。消費者の選好を推定するには、知覚マップを構築する際、因子分析に含める変数に「選好」という新たな属性を加える内的分析と、各製品に対する顧客の選好データを収集し、それに一番フィットするベクトルを推定する外的分析の2つがあります。

　また、選好が消費者によって大きく異なる場合は、セグメント別に「選好」ベクトルを推定します。右下図は自動車のブランドに消費者1人ひとりの「選好」ベクトルを描いたジョイントスペース・マップです。これは1to1マーケティング（15-1参照）に有用です。

30秒でわかる! ポイント

知覚マップと
ジョイントスペース・マップ

関東近郊テーマパークの知覚マップ

(例) 1 TDR　2 東京ジョイポリス　3 花やしき　4 富士急ハイランド　5 東武動物園
6 鴨川シーワールド　7 マザー牧場　8 アンデルセン公園　9 東武ワールドスクエア

ジョイントスペース・マップ
(2次元チャネル知覚マップ)

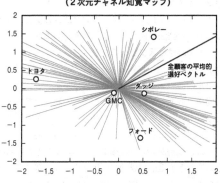

▶ 新製品開発プロセス（1）

03 つくったものを売るのではなく、売れるものを創る

新製品の開発はサービスも含め通常、右図のプロセスを踏みます。

①アイデアの創出

ニーズベースとシーズベースの両方の視点から、なるべく多数のアイデアを探し出します。潜在市場を念頭に、既存顧客の枠組みを超えてニーズや欲求を汲み取ります。特にリードユーザーやヘビーユーザーを対象としたフォーカスグループ（グループ・インタビュー、5－3参照）は有効です。そのほかサプライヤー、流通、ディーラーなど取引企業、競合製品、他分野も含めた業界動向などを追うこと、さらに近年ではネットの掲示板、ユーザーグループ、SNSなどが有用な情報源になります。社内情報源としては、R&D部門の技術者や営業部門のセールスマンなど従業員のアイデアも重要です。アイデアの創出方法としては、ブレーンストーミング法、KJ法（8－1参照）、NM法などの発想技法を使うと、より効率が高まります。

②アイデアの評価とスクリーニング

コンセプト開発の段階に入ると開発コストが大幅に上昇するため、ポテンシャルの低いアイデアをふるい分けます。ここでは自社の経営資源と時間やコストの制約を考慮しながら、優れたアイデアを早急に捨ててしまうドロップ・エラーと貧弱なアイデアを開発段階に進めてしまうゴー・エラーのトレードオフを判断する必要があります。新製品の成功率は、技術が完成する確率、その技術をもとに商品化できる確率、その商品が商業的に成功する確率の3つの積になるので、アイデア評価の段階から技術・製造部門と連携することが有益です。

30秒でわかる！ ポイント

新製品開発プロセス

アイデアの創出

アイデアの評価と
スクリーニング(ふるい分け)

コンセプトの開発

マーケティング戦略の立案と
事業性の分析

製品の試作化

テスト

市場投入

▶ 新製品開発プロセス（2）

04 | 製品の具現化

③コンセプトの開発

　このステップでは、誰を対象に、何を中核とした便益を提供するのかを明確にして、製品の基本的な仕様、つまり製品コンセプトを決めます。あとで紹介するコンジョイント分析（8-2参照）は、さまざまな便益と価格に対して消費者が直感的に抱いているトレードオフを明示的に導き出す手法であり、コンセプト開発における代表的なリサーチ手法となっています。さらに、なるべく現実的な形態（ビデオ、模型、VRなど）でコンセプトを提示し、ターゲット・ユーザーからのフィードバックを得ることも重要です。

④マーケティング戦略の立案と事業性の分析

　次に新製品の事業性を評価するために、コンセプトにもとづいて右図の3点に関するマーケティング戦略を策定します。

⑤製品の試作化

　事業分析をクリアしたコンセプトは製品開発のために技術・研究部門へと引き渡され、製品のプロトタイプを試作することになります。この段階からは投資額が飛躍的に増大するため、技術化に着手する前に商業的に不利なコンセプトを可能な限り排除することが重要です。

⑥テスト

　製品の診断やマーケティング戦略の修正のため、市場導入の前に実験的に市場でテストを行います。最近はコスト、時間、競合企業による模倣などの理由でこの段階をスキップしたり、より簡素化したプリテストなどが使われることもあります（詳細は13章で説明します）。

30秒でわかる！ ポイント

マーケティング戦略の立案と 事業性の分析

1 戦略と初期目標

- ・標的市場の規模と構造
- ・製品ポジショニング
- ・最初の数年間の売上
- ・シェアと当初の目標

2 当初計画

- ・予定価格
- ・流通戦略
- ・初年度の予算の概要

3 長期目的と予測

- ・長期的な売上
- ・長期的なシェア
- ・長期的な利益の目標とマーケティング・ミックス戦術

⑧製品開発で有用な手法と概念

▶KJ法

01 | アイデア創出で使われる 代表的な手法

　KJ法はブレーンストーミングなどによって得られたさまざまなアイデアを整理・統合し、問題解決や新たな発想に結びつけていくための方法で、KJは考案者・川喜田二郎氏の頭文字からとられています。

　KJ法は4つのステップから構成されており、一連の作業の中から、テーマの解決に役立つヒントやひらめきを生み出します。

　①アイデアの書き出し：アイデアや意見、あるいは各種の調査現場から収集された雑多な情報を1枚ずつ小さなカードに書き込みます。

　②アイデアの分類：それらのカードの中で似たような意味合いをもつものを2、3枚ずつ集めてグループ化し、見出しをつけます。

　③分類の視覚化：グループを内容の類似度に応じて空間に配置し、小グループから中グループ、大グループへと集約していきます。さらに配置の論理関係がわかるように、カード間やグループ間の関係を「相関」「原因」「結果」「背反・トレードオフ」などで連結します。

　④図解の叙述・解釈：各グループの見出しの言葉をなるべく使って、グループ間の関係を意識しながら大テーマから小テーマへと内容や論理が流れていくよう、一筆書きのように文章をつなげます。

　KJ法は散在している情報や部分的な情報だけでは全体が見えないものへの解決アプローチとして使われます。このようなボトム・アップ型による個別アイデアの「発散と収束」法の弱点は、ボトムを超えた画期的な創造性を開拓することがむずかしいこと、ボトムがすべての事象をカバーしていないと全体像にもモレが出ること、尖ったアイデアもグルーピングするとつまらなくなることなどがあげられます。

30秒でわかる！ ポイント

KJ法のやり方

ステップ1 カードにアイデアを書き出していく

- -

ステップ2 グループ化して見出しをつける

- -

| 見出し | | 見出し |
| 見出し | 見出し | 見出し |

ステップ3 グループの意味合いを視覚化していく

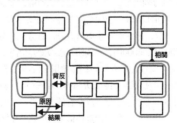

相関

背反

原因

結果

ステップ4 グループの全体像を文章化する

02 ▶ コンジョイント分析
コンセプト開発で使われる代表的な手法

　製品は属性の束で構成されているため、**消費者の製品に対する効用はそれら個々の属性から得られる部分効用の和になる**という考え方が、コンジョイント分析の基本になります。

　ここではコーヒーメーカーの例を使って説明しましょう。消費者が製品を選ぶ際、特に重要な属性が容量、速さ、価格の3つだとします。この場合、あるコーヒーメーカーに対する総効用は、その製品の容量、速さ、価格から得られる3つの部分効用の和ということになります。

　まず、属性水準の異なった組み合わせの複数のコーヒーメーカー（これを**プロファイル**と呼びます）を消費者に評価してもらい、各プロファイルに対する総効用を計測します。そして各属性の異なった水準に対する部分効用を、それらの和が総効用となるべく等しくなるよう統計的に推定します。この例では、容量が3水準（4カップ、8カップ、10カップ）、速さが4水準（3分、6分、9分、12分）、価格が3水準（2000円、5000円、7000円）なので、全部で36通りのプロファイルをランクづけしてもらい、総効用を計測します。通常は、コーヒーメーカーの仕様を記載した36枚のカードを選好の順に並べ替えてもらいます。右図は推定された容量、速さ、価格の異なった水準に対する部分効用です。**容量の違いはほかの属性に比べて総効用に与える影響が一番大きいことがわかります。**

　コンジョイント分析では、属性とその水準の数が増えるにつれて評価すべきプロファイルの数が幾何級数的に増加するため、回答の負荷を抑える評価手法や統計手法が多数、提案されています。

30秒でわかる！ ポイント

コーヒーメーカーのコンジョイント分析例

入力 被験者にカードを選好順に並べ替えてもらう

プロファイル1
4カップ
3分
2000円

プロファイル2
10カップ
6分
7000円

－ － － － －

プロファイル36
8カップ
12分
5000円

出力

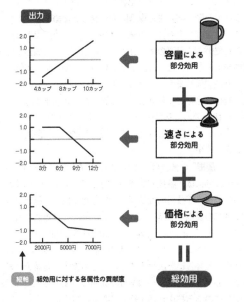

容量による
部分効用

＋

速さによる
部分効用

＋

価格による
部分効用

＝

総効用

縦軸 総効用に対する各属性の貢献度

▶ 品質機能展開（QFD）
03 | 製品開発で使われる代表的な手法

1972年に三菱重工業の神戸造船所（当時）で設計管理ツールとして初めて導入された**QFD**（Quality Function Deployment：品質機能展開）は、マーケティング、R&D、技術、製造などの部門間の決定要因とそのトレードオフを記載した複数のマトリックスを用いることによって、**製品開発を組織横断的に進めるための手法**です。

ここでは顧客の声を技術開発に反映させるためのマトリックスとして知られている〝品質の家〟（House of Quality）を紹介します。

家の左上の各行には、顧客が製品に対して要望する属性をその重要度とともに記入します。各行の一番右には、顧客がその属性に対して自社と競合製品をどう評価しているかを書き込みます。

各列は技術者の言葉で表現されたエンジニアリング特性をあらわし、マトリックスには顧客側属性と技術側属性の相関関係を数値や記号で記入します。

三角の〝屋根〟の部分は、技術側属性間の相関関係をあらわします。家の土台部分には、各技術側属性に対して、上から①自社と競合製品の客観的数値、②技術的難易度、③付与重要性、④推定コストを記入し、すべての要因を考慮に入れて、⑤最終的な目標値を決定します。

〝家〟は顧客満足と製造機能との間に明確な相関関係を設定し、顧客の知覚、競合の達成度、技術側属性間のトレードオフにもとづいて、技術仕様の最終目標を決めることに役立ちます。開発チームは機能横断的な（部門を超えた）議論を行い共通の認識をもつことで、顧客の声と整合性のある技術仕様を確立できるのです。

30秒でわかる！ ポイント

品質の家（乗用車のドアの例）

凡例：
◎ 強い正の関係
○ 中位の正の関係
× 強い負の関係
△ 中位の負の関係

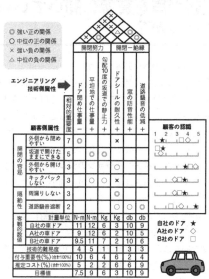

エンジニアリング技術側属性 →

顧客側属性		相対的重要度	ドア閉め仕事量 −	平坦地での仕事量 +	勾配10度の坂道での静止力 +	ドアシールの耐久性 +	窓の防音性能 +	道路騒音の低減 +	顧客の認識
			開閉努力			開閉−絶縁			1 2 3 4 5
開閉の容易	外側から閉めやすい	7	◎			×			
	坂道で開けたままにできる	5		○	◎				
	外側から開けやすい	3				○			
	キックバックしない	3	○	○		×			
隔絶性	雨漏りしない	3				◎			
	道路騒音遮断	2				○	○	◎	
計量単位			N・m	N・m	Kg	−	db	db	自社のドア ★
客観的数値	自社のドア	11	12	6	3	10	9		A社のドア ◇
	A社の車ドア	9	12	6	2	10	9		B社のドア □
	B社の車ドア	9.5	11	7	2	10	6		
技術的難易度			4	5	1	1	3	3	
付与重要性(%)(合計100%)			10	6	4	6	2	4	
推定コスト(%)(合計100%)			5	2	2	6	9	6	
目標値			7.5	9	6	3	10	9	

出典）『ダイヤモンド・ハーバード・ビジネス・レビュー』
ハウザー＆クロウジング（1988年8月）をアレンジ

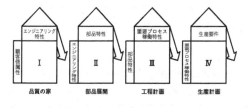

I	II	III	IV
エンジニアリング特性	部品特性	重要プロセス稼働特性	生産要件
顧客側属性	エンジニアリング特性	部品特性	重要プロセス稼働特性
品質の家	部品展開	工程計画	生産計画

⑧ 製品開発で有用な手法と概念

▶ イノベーションのジレンマ

04 | 顧客の声を真摯に聞いていればよいのか?

優良企業が重要顧客の声に耳を傾けて、そのニーズを満たすべく、より高付加価値製品の改良・開発に力をそそぐ「**持続的イノベーション**」は、時として新規参入企業の市場を一新するほどの革新技術「**破壊的イノベーション**」によって失敗に転化することがあります。

クリステンセン (C. Christensen) は、ディスクドライブの業界でディスクサイズが小型化する都度、既存の主力メーカーが競争に敗れた例を用いて、これを「**イノベーションのジレンマ**」と呼びました。

これは以下のように説明されます。新規・弱小企業は、主力企業にとってそれほど重要ではない顧客セグメントのニーズ（通常はローエンド顧客）を徹底的に追求し、これを革新的な技術によって対応させます。当初はこの技術が未熟で重要顧客のニーズ（高性能、高機能）は十分満たせないため、市場規模は小さなものでしかありません。

しかし、技術を向上させて重要顧客のニーズに対応することによって、徐々に上位の市場を奪い最終的に業界リーダーになります。

主力企業が破壊的イノベーションに投資しない理由は、収益性の高い重要顧客がそれを求めないことと、そのターゲット市場が収益、規模の点で魅力的でないためです。

では企業はこのジレンマにどう対処するべきでしょうか? 主力企業の場合は、既存の持続的イノベーションと新規の破壊的イノベーションを別々の組織で推進し競争させることです。また新規参入を狙う企業は、現在、魅力的でないローエンド顧客を対象に、本当に重要な少数のニーズに絞って革新的なアプローチを考えるべきです。

30秒でわかる! ポイント

イノベーションのジレンマ

大手・優良企業	新規・弱小企業
持続的イノベーション で顧客ニーズを追求	主力企業にとって 重要ではない顧客 ニーズを徹底追求

技術が進化

競争に敗れる

破壊的イノベーション

イノベーションの
ジレンマが起きる

業界リーダーに!

⑨ 価格設定

▶ 価格設定のロジック

01 価格は戦略と整合的に決める

プライシングは、売上、マーケットシェア、利益に直結するだけでなく、競合企業の戦略変更や市場への新規参入、顧客の知覚価値を変えるなど、製品イメージやポジショニングに大きな影響を与えます。モスバーガーの低価格メニューの失速、ＢＯＳＥのスピーカー値下げによる売上減少などを見ても、単によいものを安くすれば売れるわけ**ではなく、価格はＳＴＰのマーケティング戦略やほかのマーケティング・ミックスと整合的に決定**されなければなりません。

プライシングで重要な要因は、コスト、競争、需要の３つですが、価格のレベル自体がこれら３要因に影響を与えるため、その作業は複雑です。価格設定では、３要因のうち企業がどれを最優先するかによってコスト志向、競争志向、需要志向の３タイプに分類できます。

コスト志向の代表的な方法は、原価に一定率の利益を上乗せするマークアップ・プライシングです。これは、コストが明確に把握できてアイテム数の多いスーパーマーケットなどでよく使われます。

競争志向では、他社の実勢価格を参考に価格を設定するので、市場のフォロワー企業がリーダー企業に追随する場合に用いられます。

需要志向では、顧客が支払ってもよいと考える価格（留保価格）から、利益が最大になるように価格を決定します。留保価格の代わりに、価格が変わると需要がどのくらい変化するかを実データから推定した価格弾力性という指標が使われることもあります。価格弾力性は「需要の変化率÷価格の変化率」で定義され、価格に対する需要の反応度が高いほど、価格弾力性の絶対値は大きくなります。

30秒でわかる！ ポイント

価格の決め方

コスト志向

マークアップ・プライシング（原価に一定率の利益を上乗せする方法）などを行う

競争志向

フォロワー企業がリーダー企業に追随する場合に用いられる

需要志向

留保価格（顧客が支払ってもよいと思う価格）や価格弾力性という指標などで利益が最大になるように設定

$$価格弾力性 = \frac{需要の変化率}{価格の変化率}$$

価格を5%引き下げたときに販売数量が10%増加したとすれば、価格弾力性は"−2（＝10÷（−5））"となる。弾力性の絶対値が大きいほど、価格が需要（販売数量）に与える影響が大きいといえる

▶ 消費者にとっての価格の意味

02 | 価格は３つの意味をもつ

消費者にとって、価格は３つの意味をもつといわれています。

１つ目は通常の経済学における解釈である「**支出の痛み**」です。つまり同じ製品であれば、価格が低いほど効用が高くなることをあらわしています。この場合、価格弾力性は負になります。

２つ目は「**品質のバロメーター**」という意味です。製品への知識が乏しい場合、多くの消費者は価格レベルを品質の判断に使います。

３つ目は「**プレステージ性**」で、価格が高い製品の購入にステータスを感じるような高級ブランド品が該当します。「支出の痛み」より「品質のバロメーター」や「プレステージ性」の意味合いが強いと、価格が下がるにつれ需要も下がり、価格弾力性は正になります。

PSM（Price Sensitivity Measurement：価格感度測定）は、「支出の痛み」と「品質のバロメーター」の意味合いの強さを消費者に直接聞くことによって価格設定のヒントを探る手法です。

右図は４つの質問を複数の消費者に尋ね、横軸に価格、縦軸に回答者の比率をとり、質問別にプロットしたものです。Ｑ１とＱ４の交点Ａは**限界安値**と呼ばれ、この価格より低いと品質に不安をもって購買を控える人が、高いと感じて購買を控える人より多くなります。Ｑ２とＱ３の交点Ｂは**限界高値**と呼ばれ、この価格より高いと高すぎて買えないため購買を控える人が、安いと感じて購買する人より多くなります。したがって、この**限界高値と限界安値の間が消費者が受容できる価格帯**と解釈できます。最終的な価格はコスト、競合、そのほかの要因を考慮してこの範囲の中で設定されるべきです。

30秒でわかる！ ポイント

PSM分析

4つの質問

Q1 あなたは、この商品がいくら以上になると
「高い」と感じ始めますか？

Q2 あなたは、この商品がいくら以上になると
「高すぎて買えない」と感じ始めますか？

Q3 あなたは、この商品がいくら以下になると
「安い」と感じ始めますか？

Q4 あなたは、この商品がいくら以下になると
「安すぎて品質に問題がある」と感じ始め
ますか？

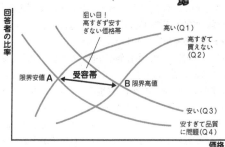

⑨ 価格設定

▶ 留保価格の違いによる差別化（1）

03 | 同じ製品を異なる 価格で売る際の工夫

　PSMで見たように、消費者が支払ってもいいと考える価格（**留保価格**）は人によって異なります。製品により高い価値を感じている人にそれなりの対価を支払ってもらえれば、企業は利益を増すことができますが、同じ製品を異なった価格で提供するには工夫が必要です。

　経済学では顧客がもつ留保価格の識別コストが増えるにしたがって、価格差別の仕組みを3つに分類しています（第2種は次節）。

　個人の留保価格が簡単かつ安価に識別できる第1種は、交渉、オークション、入札などの手続きによって**価格を個人ごとに変える個別プライシング**です。これらの手続きのコストが商品単価に対して低い、B2B（企業間取引）や自家用車・家電製品などで見られます。また、かつての日本や発展途上国のように人件費が安い場合も使われます。

　識別コストが高いあるいはむずかしい第3種では、観測が容易な変数にもとづいて留保価格の違いでグループ分けをして、価格を変える**セグメント別プライシング**が使われます。

　たとえば、一般に学生は留保価格が低いため、学生証で身分確認が容易な学割はよく見られます。そのほか同じメニューでもディナーより留保価格が低いランチセット（時間別）、ホテルのミニバーにある高額なコーラ（場所別）、アフリカ市場で安価に売られているセイコー5スポーツ腕時計（地域別）、ラッピングされた定価より高いギフト（状況別）などがあげられます。このアプローチがうまく機能するには、あるセグメントで安く仕入れた製品を価格が高く設定されたセグメントで又売りするような**裁定取引**が起きないことが重要です。

30秒でわかる！ ポイント

価格設定の3つの原則

留保価格の
識別コスト

個別プライシング（第1種）

価格を個人ごとに変える

例 自家用車、家電製品、B2B（企業間取引）など

⬤ 小

商品のバージョン化（第2種）

異なるバージョンを設けて顧客に自由選択
（セルフ・スクリーニング）させる

例 寿司の松・竹・梅など

セグメント別プライシング（第3種）

グループ別に価格を設定する

例 学割、ランチセット（時間別）など

⬤ 大

高くても買ってくれるお客さん
には少しでも高く売りたい

⑨ 価格設定

▶留保価格の違いによる差別化（２）

04 購入価格を顧客に選ばせる

識別コストが中程度の第２種では、異なるバージョンを設けて、留保価格を把握している**顧客に自由選択させるセルフ・スクリーニング**という価格差別のアプローチが有効です。

製品ライン・プライシングでは、異なる品質と価格を組み合わせた複数バージョンを提供し、留保価格の高い顧客にはプレミアムを、低い顧客にはベーシックを購買してもらうことを意図します。たとえば、航空機の座席によるクラス分けや寿司メニューでの松・竹・梅によるグレード分けです。この仕組みが機能するためには、留保価格の高い顧客がエコノミークラスの安さに魅力を感じてスイッチしないよう、ビジネスクラスの品質を十分高めて差別化をする必要があります。

また、製品・サービスを多く消費する顧客は一般的に留保価格が高いため、使用量に応じて支払いを求める**キャプティブ・プライシング**が使われます。例として、消耗品であるトナーや交換刃に比べて安価に設定されているプリンタ本体やカミソリのホルダーがあります。もちろんキャプティブという名称が示唆するように、安い初期投資による「お試し」を促して「虜」にさせるという側面も兼ねています。

これと類似した仕組みに**２面プライシング**があります。これは異なる定額基本料金と従量制使用料金を組み合わせた複数のメニュープランを提供するもので、携帯電話や電気・ガスの料金プランなどによく見られます。ライトユーザーは単価（１分当たりの通話料）に対する留保価格がヘビーユーザーより高い傾向が強いため、定額料金が低いかわりに従量制単価の高いプランＡを選択してもらいます。

30秒でわかる！ ポイント

第2種価格差別：セルフ・スクリーニング

製品ライン・プライシング

異なる品質と価格を組み合わせた複数バージョンを提供

キャプティブ・プライシング

使用量に応じて代金をもらう

2面プライシング

**異なる定額基本料金と従量制使用料金を組み合わせた
メニュープランを提供**

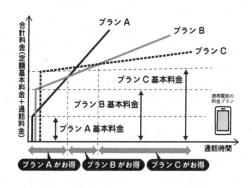

> ▶ 様々なプライシング

05 | 単品では買わないが セットなら買う

　バンドリング（抱合せ）も第2種価格差別と解釈できます。これは、複数の補完製品（相互に補完し合い価値を高める製品）に対する留保価格が顧客によって異なる場合に、単品価格に加えて、それらを組み合わせたセット価格も提供することによって需要を増やす方法です。

　右上表は、誠くんと典子さんのハンバーガーとデザートの留保価格です。留保価格より安ければ購買されるため、下の表は単品1〜3と単品3＋セットの4つの価格設定での売上金額が示されています。セットの選択オプションを加えることで、どんな場合よりも売上が増加することがわかります。このアプローチは、この例のように、補完的製品間の留保価格に負の相関関係が見られる場合、特に有効です。

　ダイナミック・プライシングでは、時間軸で価格を変えることによって、留保価格の違いを購買時期に反映させることができます。

　1つは**スキム・プライシング**と呼ばれ、発売当初は留保価格の高い顧客のみを対象として価格を高く設定し利幅を大きくします。高価格で買ってくれる顧客が一巡すると、留保価格が次に高い顧客セグメントを対象に少し価格を下げるという方法です。この戦術は、独自技術があるため模倣が困難で競合がない製品に有効です。

　もう1つは、発売当初は低価格によって利幅が低くても、市場シェアをなるべく早く獲得しようとする**浸透プライシング**です。その目的は製品の早期普及や競合企業参入の阻止です。経験曲線によるコストの低下が大きい半導体産業や、システム互換性などネットワーク外部性が重要なIT産業でよく見られます。

30秒でわかる！ ポイント

バンドリングと
ダイナミック・プライシング

【レストランのセットメニューのバンドリング例】

	ハンバーガーに対する留保価格	デザートに対する留保価格	留保価格の合計額
誠くん	1000円	300円	1300円
典子さん	700円	500円	1200円

	ハンバーガーの価格	デザートの価格	購入される合計額
単品例1	700円（2人とも購入）	300円（2人とも購入）	2000円
単品例2	700円（2人とも購入）	500円（典子さん購入）	1900円
単品例3	1000円（誠くん購入）	500円（典子さん購入）	1500円
単品例3＋セット1200円	単品1000円	単品500円	セット2400円

【ダイナミック・プライシング】

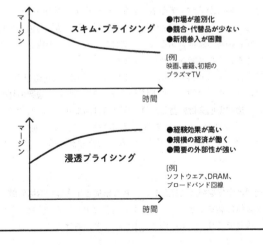

スキム・プライシング

●市場が差別化
●競合・代替品が少ない
●新規参入が困難

[例]
映画、書籍、初期の
プラズマTV

浸透プライシング

●経験効果が高い
●規模の経済が働く
●需要の外部性が強い

[例]
ソフトウエア、DRAM、
ブロードバンド回線

▶ 価格の心理的側面

06 マーケターが利用する人間心理

プライシングでは、人の価格に対する感じ方は状況・場・文脈によって大きく変わることを理解することが重要です。ノーベル経済学賞を受賞したカーネマンとトヴァスキーが提唱した**プロスペクト理論**では、人々の利得や損失に対する評価は右図のような価値関数で説明され、3つの特徴を有します。

第1は価値に対する感じ方で、利得や損失は「0」を基準とした絶対的な値ではなく**参照点**（Reference Point）**からの乖離にもとづいて評価**されるということです。消費者は過去の購買経験や店頭の類似製品、そのほかメディアやネットなどの情報から頭の中に参照価格を形成し、それと実際の製品価格との差に反応して値打ち感を判断します。顧客の参照価格を知ることは重要なため、その形成プロセスに関してさまざまな研究が行われています。

第2に、人は利得側ではリスク回避的（不確実性を避ける）、損失側ではリスク受容的（不確実性を好む）になるため、**複数の利得は分離し、複数の損失は統合**したほうが価値は高まります。前者は「プレゼントは分けて小出しにする」、お得情報を次々と追加するテレビショッピングでよく見られます。後者は高額商品のクロスセリング（併売）、保険のパック化、クレジットカードによる一括払いなどです。

第3に、損失側のほうが利得側より関数の傾きが大きいため、**大きな利得と小さな損失は統合し、大きな損失と小さな利得は分離**したほうが価値は高まるということです。前者の例としては給料からの天引き、後者ではリベートやポイント付与などがあげられます。

30秒でわかる! ポイント

プロスペクト理論の価値関数

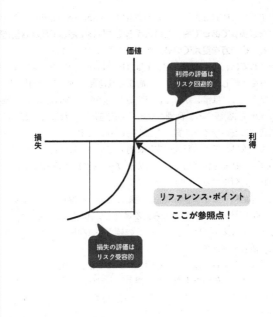

価値

利得の評価は
リスク回避的

損失　　　　　　　　　　利得

リファレンス・ポイント

ここが参照点!

損失の評価は
リスク受容的

▶ 心の勘定

07 「無料」の魅惑

　セイラー（R.Thaler）の「心の会計（Mental Accounting）」では、**人は同じ金銭であっても、その入手方法や使途に応じて異なる価値観をもち、扱い方を変えている**ことが提唱されています。

　例としては、仕事で稼いだお金は計画的に使うのにギャンブルで儲けたお金は惜しみなく浪費する（**あぶく銭効果**）、同じ経済的負担（金額）でも教育には惜しみなく投資するが、贅沢品や嗜好品には罪悪感から支出を躊躇する、高価なワインも贈答用であれば買うが、自身の消費には安いワインを買うなどがあげられます。

　つまり人は、個々の収入や支出に対して余暇、自己投資、贅沢品などのカテゴリーを割り当て、そのカテゴリー独自の価値感にもとづいて消費の判断をするということです。

　人は「**無料**」にかかわる製品に過剰に反応する傾向があります。無料で1000円分のギフト券をもらえる場合と、700円で2000円分のギフト券をもらえる場合とでは、（後者のほうが300円得なのに！）多くの人は前者を選びます。

　人はなぜ「無料」にこれほど引かれるのでしょうか？

　1つには負の価値をもたらす「損失」を完全に回避できることにあります。10円でも1円でも経済的な損失は損失ですが、無料ではそれが消えます。また、2円が1円になっても人の反応はそれほど変わりませんが1円が0円になったとたんに、それは金銭と引き換えに得る「取引」とは別物の「無料」というレッテルが貼られたカテゴリーに入る「心の会計」効果もあります。

30秒でわかる！ ポイント

価値観と消費の関係

価値観で消費が違ってくる……

贈答用には高額な
ワインを買うが

自分用には安い
ワインを買う

タダに引かれる心理も！

タダで1000円の
ギフト券をもらえる

700円で2000円の
ギフト券をもらえる

どっちが得？

▶ プロモーションの種類

01 | ４つの購買段階「AIDA」を促進する

　顧客のニーズを満たした製品・サービスを適正価格で提供しても、それが注意（**A**ttention）されて、興味（**I**nterest）をもたれ、欲しい（**D**esire）と思われないと、購買（**A**ction）には結びつきません。プロモーションの機能は、この**消費者の購買段階の頭文字をとったAIDAを促進する**ことにあります。

　プロモーション活動は大きく、広告、パブリシティ、販売促進、人的販売の４つに分類することができます。

　広告は、「マーケティング＝宣伝が上手い」と誤解されるほど、マーケティングではメジャーな存在です。

　パブリシティは、自社の製品・サービスをメディアが自主的に取り上げることです。掲載の有無を企業が直接コントロールすることはできませんが、広告と違いメディア側に料金を支払う必要はありません。パブリシティ活動は通常、広報部門が企画するＣＳＲ（企業の社会的責任）、スポンサーシップ、イベントなどのＰＲ活動に含まれます。

　４Ｐのプロモーションと区別するため、狭義の**販売促進**は**セールス・プロモーション（ＳＰ）**と呼ばれますが、詳細は次章で紹介します。**人的販売**は、セールスマン（営業員・販売員）を通して行われる販売に関する情報提供やサービス活動を指します。

　広告とパブリシティは、**プル戦略**として顧客の認知を促して引きつける役割を担い、販売促進と人的販売は、関心を示した顧客に**プッシュ戦略**として積極的に欲求を高め、購買を促す役割を果たします。

30秒でわかる！ ポイント

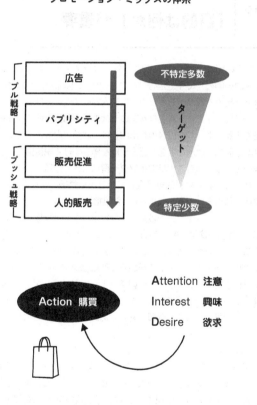

プロモーション・ミックスの体系

プル戦略

- 広告
- パブリシティ

プッシュ戦略

- 販売促進
- 人的販売

不特定多数

ターゲット

特定少数

Action 購買

Attention 注意
Interest 興味
Desire 欲求

▶広告のマネジメント・プロセス

02 「目的は何か」が重要

右上の図は広告のマネジメント・プロセスを描いたものです。まず
は目的の明確化です。広告は購買を促す以外に消費者の認知、関心、
欲求を高める効果があるため、広告内容やメディアは広告主の目的に
よって異なります。**AIDAプロセスのどの部分の何にフォーカスを
当てるか**によって、広告の訴求内容は、認知・理解促進を促す**情報提
供型**、興味・欲求を喚起し態度形成を働きかける**説得型**、イメージ構
築や記憶を呼び起こす**リマインダー型**に大きく分類できます。広告が
これらAIDAの目的を達成しているかを評価・分析するためには、
適切な効果をはかるための指標（**効果指標**）を用いる必要があります。

右下の図はAIDAの段階別に分析すべき効果指標を記載したもの
です。目的が**注意**（**A**）であれば、「Xというブランド（キャンペーン）
を知っているか」を測定する助成認知率（再認率）や「○○カテゴリー
で頭に浮かぶブランド」を尋ねる非助成認知率（再生率）にもとづい
て目標設定をします。目的が**興味**（**I**）であれば、ブランド理解やブ
ランドのイメージ評価になります。目的が**欲求**（**D**）であれば購入意
図や選択集合、目的が**購買**（**A**）であればブランド選択や実際の売上
になります。

多くの場合、売上は広告の長期にわたる累積効果や広告以外の要因
の影響が干渉するため、広告の直接効果を把握することは困難です。
広告単体の効果を分析するために、広告代理店などは実験室における
広告テストのような管理された環境で消費者の心理的指標をアンケー
トにより収集・分析したり、高度な計量経済モデルを使ったりします。

30秒でわかる! ポイント

広告のマネジメント・プロセスと広告効果指標

広告のマネジメント・プロセス

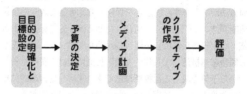

目的の明確化と目標設定 → 予算の決定 → メディア計画 → クリエイティブの作成 → 評価

AIDA段階別の広告効果指標

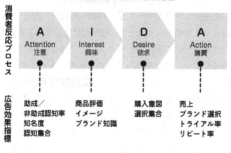

消費者反応プロセス

A Attention 注意	I Interest 興味	D Desire 欲求	A Action 購買

広告効果指標

助成／非助成認知率 知名度 認知集合	商品評価 イメージ ブランド知識	購入意図 選択集合	売上 ブランド選択 トライアル率 リピート率

03 | ▶広告のメディア
「マーケティング＝広告」という
ほどメジャーな存在

　広告マネジメントの次のステップは、**広告予算の決定**です。大きく4つの方法があります。①広告を保険と考え可能な限りの金額を使う**支出可能額法**、②売上の一定割合（たとえば5％）を支出する**売上高比率法**、③広告効果は広告主間の相対的な支出シェアに影響されると考える**競争者対抗法**、④具体的な数値目標に向けて費用対効果の客観的分析から予算を決める**目標基準法**です。④は一見合理的に見えますが、広告効果の正確な把握というむずかしい前提条件があります。

　次のステップは**メディア計画**になります。右図は広告に使われるメディア（媒体）を整理したものです。ここでは、広告で使用する複数メディアへの配分割合、メディア内におけるビークル（番組名や雑誌名など）の選択、そのタイミング（時期・時間帯・曜日、均一レベルか1カ月オン1カ月オフかなど）、地理的配分などを決めます。

　一連の作業は無数の組み合わせがあって複雑なため、広告代理店が独自の最適化ソフトなどを使って決める場合も多いです。

　その際、媒体にまたがって使われる**広告量の指標として、リーチ、フリークエンシー、GRP**（Gross Rating Points）、**インパクトがあります**。リーチはある期間中に広告と接触した人の割合（％）、フリークエンシーはその期間に広告を最低1回は見た人たちの平均接触回数で、それぞれ到達の広さと深さをあらわします。GRPはリーチとフリークエンシーの積で、期間中の延べ接触回数になります。また、同じ1回の接触（1GRP）でも媒体やビークルによって効果の大きさが異なるため、インパクトはこの違いを指標化したものです。

30秒でわかる！ ポイント

日本の広告費推定範囲

総広告費	日本国内に投下された年間（1～12月）の広告費
マスコミ4媒体広告費	新聞、雑誌、ラジオ、テレビメディアのマスコミ4媒体に投下された広告費

①新聞	全国日刊紙、業界紙の広告料・新聞広告制作費
②雑誌	全国月刊誌、週刊誌、専門誌の広告料・雑誌広告制作費
③ラジオ	全国民間放送の電波料・番組制作費とラジオCM制作費（事業費は含まない）
④テレビメディア	次のテレビメディアの広告費
地上波テレビ	全国民間放送地上波テレビの電波料・番組制作費とテレビCM制作費（事業費は含まない）
衛星メディア関連	衛星放送、CATVなどに投下された広告費（媒体費・番組制作費）

インターネット広告費	インターネットサイトやアプリ上の広告掲載費・広告制作費（バナー広告などの制作費および企業ホームページのうち、商品／サービス・キャンペーン関連の制作費）
プロモーションメディア広告費	次のプロモーションメディアの広告費

屋外	広告板、ネオン・LED、屋外ビジョンなど屋外広告の制作費と掲出料
交通	交通広告の掲出料
折込	全国の新聞に折り込まれたチラシの折込料
DM	ダイレクト・メールに費やされた郵便料・配達料
フリーペーパー・フリーマガジン	フリーペーパー・フリーマガジンの広告料
POP	POP（店頭販促物）の制作費
電話帳	電話帳広告の掲出料
展示・映像ほか	展示会、博覧会、PR館などの制作費、シネアド・ビデオなどの制作費と上映費など

出典：「日本の広告費 2016」電通

04 ▶ IMC ばらばらな メッセージは顧客を困惑させる

　プロモーションのみならず、製品の物理的なパッケージング、価格形態、小売店やホームページのような流通経路など、4Pすべての活動が企業と顧客とのコミュニケーションを促す側面をもっています。マーケティング戦略にもとづいて一貫したマーケティング・ミックスを計画、実施するということは、4Pを通じたコミュニケーションもSTPと整合性をもっている必要があります。

　パッケージによるコミュニケーションは製品開発部門、広告によるコミュニケーションは広告部門、パブリシティによるコミュニケーションは広報部門、販売促進や人的販売によるコミュニケーションは営業部門というように、それぞれ独立の予算を編成して目標を設定していてはコンフリクトが生じてしまいます。各コミュニケーション経路の特色を生かした包括的なコミュニケーション・ミックスを部門横断的に計画、実行する**統合型マーケティング・コミュニケーション**（**IMC**：Integrated Marketing Communications）**が有効**です。

　IMCが1980年代末に提唱された背景には、ITの発達により新しいメディアが次々に登場し、コミュニケーション経路が増えたことがあります。企業は効果のわかりやすいデータベースを活用したダイレクト・マーケティングや販売促進・プロモーションメディアを多用するようになり、顧客との接点（**コンタクトポイント**）は飛躍的に増えました。しかし、広告では高級感を訴求しているのにネットでは安売りをするなど、これらの活動がバラバラに展開されると顧客は困惑し、ブランドの価値は下がってしまいます。

30秒でわかる! ポイント

統合型マーケティング・コミュニケーション

バラバラの戦略 ✖

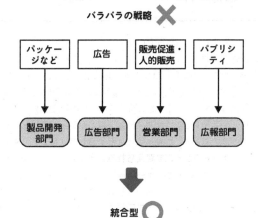

| パッケージなど | 広告 | 販売促進・人的販売 | パブリシティ |

| 製品開発部門 | 広告部門 | 営業部門 | 広報部門 |

統合型 ⭕

コミュニケーション・ミックスを部門横断的に計画・実行

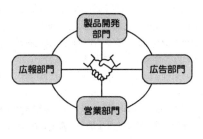

10 プロモーション

▶インターネット広告

05 | 日進月歩のペースで進化中

インターネット広告へは既存のマスメディアからのシフトが続いており、広告費で見ると、2004年にラジオを、2006年に雑誌を、2009年に新聞を抜き、2016年にはマス4媒体合計の半分弱にまで増えています。右図のように、ネット広告にはさまざまな種類や分類があり、現在も進化中です。ネット広告には大きく2つの特徴があります。

1つ目は、ネット広告はマスメディアのような一般層から、より絞られたオーディエンス、さらにはピンポイントで個人まで、**タイプによってターゲットのサイズを変えられる**ことです。たとえば、ポータルサイトの**ディスプレイやバナー広告**は、テレビ広告のようにすべてのビジターに対して同一のコピー（複数がランダムに切り替わる）が提示されます。**コンテンツマッチ広告**では、そのウェブページの特性に適した内容の広告があらわれます。**リスティング広告**（検索連動型）では、Yahoo！やGoogleのような検索エンジンの利用者の入力したキーワードにもとづいて、関連する広告（Sponsored Search）が検索結果（Organic Search）と類似したフォーマットで提示されます。

行動ターゲティングは、ビジターの過去の閲覧履歴をcookieなどで識別し、その人の興味・関心のありそうな広告を提示するものです。

2つ目は、ＡＩＤＡに代表される消費者の購買段階に、**口コミの影響が加わる**ことです。購買（Action）後にその評価・意見をＳＮＳやブログに掲載すること（**Share**）により、未購入の消費者に強い正や負の影響を与えるためで、Ｓを加えて**ＡＩＤＡＳモデル**などと呼ばれています。

30秒でわかる！ ポイント

インターネット広告のタイプ

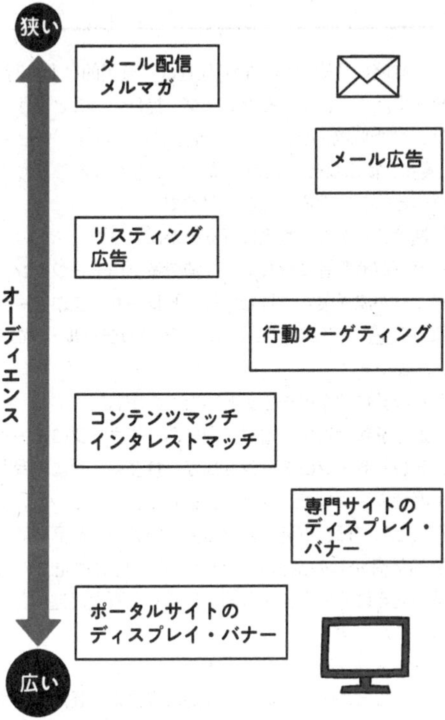

狭い

オーディエンス

広い

メール配信
メルマガ

メール広告

リスティング
広告

行動ターゲティング

コンテンツマッチ
インタレストマッチ

専門サイトの
ディスプレイ・
バナー

ポータルサイトの
ディスプレイ・バナー

▶ 販売促進の種類

01 | 販促は3つに分類できる

　プッシュ戦略の代表である販売促進は、直接的に人の行動（購買）の変化を促すために、インセンティブを提供することです。

　これは、プル戦略の代表である広告がAIDAプロセスのように（認知、興味、欲求など）人の気持ちに働きかけることによって最終的に購買へと結びつけることと対照的です。

　販売促進は、誰が誰を対象に行うのかによって、

　①メーカーが消費者に対して行う**消費者プロモーション**

　②メーカーが流通業者に対して行う**トレード・プロモーション**

　③流通（小売）業者が消費者に対して行う**リテール・プロモーション**

の3つに分類できます。

　それぞれの具体的な手法をまとめたものが右図です。

　販売促進の予算は近年、増加傾向にあります。**プロモーション総額のうち、トレード・プロモーションが一番多く**、次に消費者向け（リテール＋消費者）プロモーション、そして広告となっています。

　その背景としては、市場における激しい競争、製品の同質化、力をもった流通業者からの割引要求などから、短期的売上の増加を求めて、効果の見えにくい広告から即効性のある販売促進へとシフトしたことがあげられます。

　また、経営トップやマーケターの評価・報酬が、任期中の売上に強く連動していると、販売促進のほうが広告による長期的なブランド構築よりも効果的と判断される傾向が強くなります。

30秒でわかる！ ポイント

販売促進の3分類

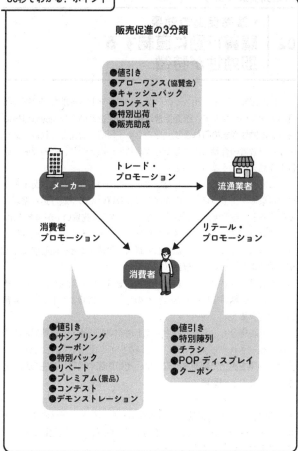

- ●値引き
- ●アローワンス（協賛金）
- ●キャッシュバック
- ●コンテスト
- ●特別出荷
- ●販売助成

メーカー → 流通業者

トレード・
プロモーション

消費者
プロモーション

リテール・
プロモーション

消費者

- ●値引き
- ●サンプリング
- ●クーポン
- ●特別パック
- ●リベート
- ●プレミアム（景品）
- ●コンテスト
- ●デモンストレーション

- ●値引き
- ●特別陳列
- ●チラシ
- ●POP ディスプレイ
- ●クーポン

11 販売促進（SP）

▶販売促進の効果

02 | 購買行動に直結する 即効性が特徴

　広告が認知の向上、イメージの構築、ブランドの訴求など長期的な目的を含むものに対して、**販売促進は購入の促進という短期的な目標に沿って即効性が求められます**。そのため、短期的な売上、収益、シェアなど消費者の行動に直結したものが効果指標となり、その評価も広告より見えやすくなっています。

　ここで留意しなければならないのが、右図のような売上に関する3つの現象です。1つ目は、販売促進による買いだめや駆け込み需要が発生すると、終了後に売上が通常時より下がる「**先食い**」が起きます。

　2つ目は、SP（セールス・プロモーション）が事前に告知されたり、消費者がそれを予期したりして購入を保留すると、開始前に売上が通常時より下がる「**先延ばし**」が起きます。

　3つ目は、SPによって自社の他製品を買っていた顧客がスイッチしてくると、期間中にそれら他製品の売上が通常時より下がる「**共食い**」が起きます。

　いずれの場合も、SP期間中の売上増が期間前後や同社他製品の売上減で相殺されてしまっては、効果がないのも同然です。したがって、**SPの効果を売上で判断する際には、その期間や代替・補完製品などを考慮することが重要**です。

　ここでは消費者プロモーションとリテール・プロモーションという消費者に対する販売促進を念頭に説明しましたが、同様の議論はトレード・プロモーションによる流通業者の購買行動の変化にも当てはまることは、いうまでもありません。

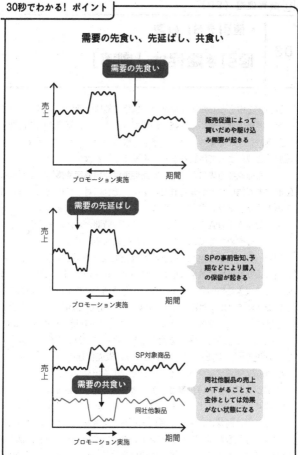

30秒でわかる！ ポイント

需要の先食い、先延ばし、共食い

需要の先食い

売上 / 期間

プロモーション実施

販売促進によって買いだめや駆け込み需要が起きる

需要の先延ばし

売上 / 期間

プロモーション実施

SPの事前告知、予期などにより購入の保留が起きる

SP対象商品

需要の共食い

同社他製品

売上 / 期間

プロモーション実施

同社他製品の売上が下がることで、全体としては効果がない状態になる

▶ 値引きSPの罠

03 値引き販促は「劇薬」

値引きを中心とした販売促進は、価格に敏感な消費者を引きつけますが、販売促進をやめたり競合が値引きをすると、価格志向の消費者は簡単にブランドをスイッチします。逆にロイヤルティの高い顧客は、値引き合戦によって購買パターンを変えることは少ないです。

そのため成熟市場において、**販売促進は新規顧客や長期的な顧客を生む効果が弱い**ことが知られています。それに対して広告は、新たな市場の開拓やブランド・ロイヤルティを高める効果があります。顧客に心理的なAIDA効果を与えるまでには時間がかかりますが、その後、広告をやめても効果がしばらくは持続するのです。

短期的売上効果を重視するあまり販売促進を多用しすぎると、製品の中身よりも価格に敏感な顧客を増やす、顧客が値引きに慣れてしまいさらに大きな値引きが必要になる、長期的なブランド育成がおろそかになりロイヤルな顧客を失うなどの恐れがあるため注意が必要です。

重要なことは、価格SPと非価格SP（CFB型プロモーション）を区別し、できるだけ後者を使うことによってブランド構築に向けた販売促進を行うことです。具体的には、販売促進の理由づけをして（例：創業祭）、ブランド・イメージとうまく結びつけるのです。

市場シェアの小さい企業は、広告より販売促進のほうが相対的に有利に働く傾向があります。それは広告予算ではリーダー企業に太刀打ちできないと同時に、流通業者にアローワンスを支払わなければ棚スペースの確保もむずかしく、インセンティブを提供しなければ消費者のトライアルも促せないため、販売促進に頼る必要があるからです。

30秒でわかる！ ポイント

値引きSPの罠

CFB
Consumer Franchise Building = 消費者愛顧の構築

ブランドに対する価値を生み出すユニークな属性や競争優位を訴求して、顧客の長期的な支持を構築すること

CFB型プロモーション

サンプリングやデモンストレーション販売といった体験型のプロモーション

非CFB型プロモーション

値引き、プレミアムなどブランドそのものの価値とは別のものを提供するプロモーション

ブランド構築

CSR
（企業の社会的責任）

11 販売促進（SP）

▶ 販売促進の戦略

04 | ゲーム理論で読み解く SP競争の罠

　価格ＳＰは主に**スイッチャー**（非ロイヤル顧客）を引きつけるため、製品カテゴリー全体の販売量を長期的に増やすことはありません。

　したがって、カテゴリー自体が拡大しなければ成長がむずかしいリーダー企業が価格ＳＰを行うことは、自らが値引き合戦を誘発して共倒れになる可能性も含めて得策ではありません。

　ここで、値引き合戦が泥沼化するロジックを、経済学のゲーム理論で説明してみましょう。

　「囚人のジレンマ」と呼ばれるゲームでは、同じ製品カテゴリーの企業ＡとＢが協調できない状況で（競合企業の談合＝協調は公正取引法違反になります）、値引きＳＰを行うかどうかを決めなければなりません。

　右の表では、カッコ内に両社の意思決定にともなう利益が示されています。企業Ａは、企業Ｂの決定にかかわらず利益の多い値引きを決定しますし（Ｂが値引きした場合は利益３億円、しなかった場合は利益15億円）、企業Ｂも同様の判断を下します。

　その結果、**協調できれば本来10億円ずつ得られる利益が３億円ずつに減ってしまいます。**さらに問題なのは、一度、両社が値引きを始めてしまうと、先にそれをやめた企業の利益が１億円に減ってしまうため、この状態から抜け出せなくなってしまうことです。これはナッシュ均衡と呼ばれます。

　ここでの教訓は、**値引きＳＰを始める前に競合企業の反応を予測すべき**ということです。

30秒でわかる！ポイント

囚人のジレンマ（ゲーム理論）

〔ゲームの前提条件〕
● 各企業は独立に意思決定をする
● 両企業が相談して同時に戦略を変更することはできない

Q 企業A、Bのとるべき最適な戦略は？

利益(A、B)		企業B	
		SPなし	値引きSP
企業A	SPなし	(10、10)	(1、15)
企業A	値引きSP	(15、1)	(3、3)

一度ナッシュ均衡の状態になると、戦略を変更する企業が不利になる

ナッシュ均衡

〔教訓〕
値引きSPを始める前に競合企業の反応を予測すべき！

▸ パブリシティと人的販売

05 **B2Bでは主役！**

パブリシティは、自社の製品・サービスの情報をメディアが自主的に取り上げて報道することです。主なメディアは、**マス4媒体とインターネット**です。パブリシティの特徴は、①メディアが記事やニュースの価値判断を行って報道の可否を決定すること、②基本的に無料であること、③消費者は比較的重要度が高く、信憑性が高い情報として受け止めること、の3つです。

一方で、不正確な情報やネガティブな側面が報道されるなど、企業は十分にパブリシティの内容をコントロールすることができません。さらに、広告主への配慮から、多くの製品はメディアで好意的に紹介されるというバイアスを受け手も織り込みずみです。

いずれにせよ、**パブリシティは消費者に強い影響力をもつため、企業はPR活動の1つとして積極的に管理・利用するべき**でしょう。

広告やパブリシティなどが間接的、非人的活動であるのに対して、**人的販売は直接的な人的活動**であるため、対象に応じてカスタマイズするなど、きめ細かな柔軟性が特徴です。特に、顧客のニーズ・欲求を聞き出して最適な解決法を提案する**ソリューション・セリング**、取引先と長期的な関係を構築する**リレーションシップ・マーケティング**、そして顧客や現場の声を汲み上げる仕組みとして有用です。

最大の弱点はコストの高さでしょう。そのため、対象を大規模な顧客や流通業者（卸や小売店）に絞ったり、機械で代用できる部分はITの活用で代替する必要があります。IT時代であるからこそ、あえて顔の見える人的販売を武器に差別化をはかる企業もあります。

30秒でわかる！ ポイント

パブリシティと人的販売のメリット・デメリット

パブリシティ（マス4媒体とインターネット）

〔メリット〕

- ●基本的に無料
- ●消費者にとって比較的重要度が高い
- ●信憑性が高い情報と受け止められる

〔デメリット〕

不正確な情報やネガティブな側面が報道される可能性もあり、十分なコントロールができない

人的販売

〔メリット〕

対象に応じてカスタマイズするなど、きめ細かに柔軟に対応できる

〔デメリット〕

コストが高い

▶ チャネルの設計

01 | 顧客のニーズを最優先に

　流通チャネルとは、生産者から消費者に渡るまでの、生産物の移転経路のことです。流通には、主に販売、配送、サービスという3つの機能があり、消費者に右上図のようなベネフィットを提供します。

　顧客がどの要素を重視するかはセグメントによっても違いますし、最寄り品、買回り品、専門品といった購買習慣による製品類型によっても異なります。コストを考慮することは重要ですが、STPや4Pすべてのマーケティングの意思決定がそうであるように、**チャネル設計も顧客のニーズにもとづいてなされるべき**です。

　チャネルの構造は、**長さと広さ**で規定できます。

　長さは、メーカーと消費者の間に何層の流通業者が入るかをあらわし、直販であれば0層、小売業者のみであれば1層、複数の卸売業者が入れば2層以上になります。

　広さでは大きく次の3つに分類できます。

　開放的チャネルでは、地域内でなるべく多くの流通業者を販売窓口とするために、幅広く配荷できる半面、メーカーのチャネルに対するコントロール力が弱くなります。これは消費者が近所で購入する食品や日用品などの最寄り品に多く見られます。

　独占的チャネルでは、流通業者を1地区1つのように制限することによって、メーカーは流通業者のサービス水準を一定に保つよう管理します。これは自動車や高級ブランドなどの専門品でよく見られます。

　選択的チャネルは、両者の中間的な特徴を有し、家電やアパレルなどの買回り品でよく見られます。

30秒でわかる! ポイント

チャネルを設計する

チャネルが消費者に提供するベネフィット ✐

1. ロットとサイズ（顧客が1度の買い物で手に入れることのできる製品の量）
2. 空間的利便性（アクセスしやすいか？）
3. 時間的利便性（必要なときに入手できるか？）
4. 入手までの時間
5. 品揃え
6. サービス（製品に付随したサービス、配送、取付け、修理など）
7. その他、経験、興奮、感動

〔長さによるチャネル構造の違い〕

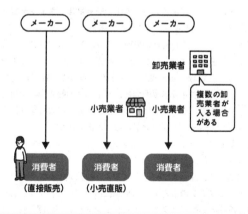

12 プレイス（流通と営業）

▶チャネルの管理

02 流通メンバー間の対立の解消

　チャネルにおける意思決定が複雑でむずかしい理由は、流通業者が関係してくるため、自社が自由にコントロールできないからです。メーカー、卸売業者、小売業者がそれぞれ利益を最大化しようと独自に戦略や戦術を進めると、マーケティング活動の整合性と一貫性が失われ、システム全体の利益を減少させることになりかねません。

　そこで、チャネル・メンバー間のコンフリクトを避けるべく、**垂直マーケティング・システム**（**VMS**：Vertical Marketing System）では、メーカー、卸売業者、小売業者がさまざまな形態で結びつき、1つの統合された流通システムとして管理されます。その際に重要なのは、垂直方向の流通メンバーの中で**チャネル・キャプテン**と呼ばれる1社がリーダーとなり、システム全体をコントロールすることです。

　流通メンバー企業の結合の形態により、VMSには3つのタイプがあります。**企業型**は、1社が生産、卸売、小売の異なる段階を複数所有して流通を管理する形態で、メーカーの販売会社（自動車ディーラー、化粧品の独立資本販売会社、家電の系列販売店）や自社小売部門（ヤマザキデイリーストア）の設置、小売業による自社卸売部門の設置（プライベート・ブランド）などがあります。

　契約型では、フランチャイジング、チェーン店契約（全日食）、協同組合など契約により結合しています。

　管理型では、流通メンバーを協力させる強大なパワーを有したチャネル・キャプテンのもとでゆるやかに結合されています。日用消費財における味の素やアスクル・エージェントなどがあげられます。

30秒でわかる！ ポイント

VMSの3タイプ

垂直マーケティング・システム（VMS）
Vertical Marketing System

> メーカー、卸売業者、小売業者がさ
> まざまな形態で結びつき、1つの統
> 合された流通システムとして管理

企業型

1社が生産・卸売・小売の異なる段階を複数所有
して流通を管理する

契約型

フランチャイジング、チェーン店契約、協同組合
など契約により結合

管理型

強大な力をもつチャネル・キャプテンのもとで、
所有や契約外の形でゆるやかに結合される

▶ 製造小売業SPA

03 | サプライチェーンから
デマンドチェーンへ

近年、企業型VMSでよく見られる形態に、小売業者が流通・製造過程までを一体化し、**自社開発の商品・ブランドを統一したコンセプトのもとで販売するSPA**（Specialty store retailer of Private label Apparel）があります。アパレル業界で発達した仕組みで、ユニクロ、GAP、H&Mなどが代表例ですが、近年では家具のIKEAやニトリ、雑貨の無印良品、ホームセンターのカインズやコーナン、メガネのJINSなど他業界にも広がりつつあり、一般的に独自PB（プライベート・ブランド）を中心に扱う製造小売業を指します。

消費者の選好や行動に主眼をおき、商品の開発や生産、流通の供給体制を見直して、経営の効率化をはかろうとするのがSPAです。

SPAのメリットには、①消費者や市場のニーズをいち早く取り入れて迅速な商品開発ができること、②需要の予測精度が向上するため適時適量の生産により欠品や過剰在庫が減少すること、③流通の中抜きによるコスト削減ができること、④大量生産体制が整えば、製造工程、品質、コストの管理も自社で行えることなどがあげられます。

②～④は、受注した製品の製造・流通業務の効率化に主眼をおいて最適化を進める**サプライチェーン・マネジメント**や**ロジスティックス**でも対応が可能ですが、SPAが特にアパレル業界で発達したのは、①のメリットが大きな要因です。ファッション業界は年4シーズンのサイクルで毎回トレンドが大きく変わるため、消費者が欲しいと感じる商品を、欲しいと思うタイミングに、欲しい数量だけ提供していくことが重要なのです。

30秒でわかる！ ポイント

SPAのメリット

SPA（製造小売） Specialty store retailer of Private label Apparel

の
4つのメリット

小売業者が流通・製造過程までを一体化し、自社開発の商品・ブランドを統一したコンセプトのもとで販売

↓

①消費者や市場のニーズをいち早く取り入れて迅速な商品開発ができる

②需要の予測精度が向上するため、適時適量の生産による欠品や過剰在庫の減少

③流通の中抜きによるコスト削減

④製造工程、品質、コスト管理も自社で行うことが可能

▶エリア・マーケティングとGIS

04 地図をかしこく使う

エリア・マーケティングとは、地域間の差異にもとづいてマーケティング・プロセスを進めることです。

個別の地域情報から、**まずは狙うべき地域と市場を明確化し、それぞれの地域市場にふさわしい価値を提案するSTP戦略を構築**します。そして、それを達成すべく、地域差を考慮した的確な製品、流通、価格、プロモーションという4P戦術を計画、施行するのです。

これには、近年の**地理情報システム（GIS）**の発達が大きく貢献しています。GISは地図情報、地域統計データ、そして企業独自のデータ（自社・関連企業〔競合や補完企業〕と顧客の位置情報）で構成されており、エリア・マーケティングの計画、実行、評価に有用なツールとなっています。

地域統計データには、国勢調査を反映した市場規模、成長性、人口・世帯の構成、世帯収入や商用調査にもとづいた交通量、駅乗降客数、小売業売上、住民のライフスタイル、情報感度、イノベーター度などが含まれ、これらは市町村単位よりさらに細かく、100m区画単位などで提供されています。

そして、右図下のように、商圏分析、出店計画、顧客管理と開拓、営業担当者の業務支援、流通やロジスティックスの分析、プロモーション立案計画（広告、チラシ）など幅広い分野において活用されています。さらに携帯電話のGPS機能による顧客の位置情報を使えば、個人ごとにカスタマイズされたリアルタイムのマーケティング・アクションが可能になるため、その**有用性はますます高まっています**。

30秒でわかる！ ポイント

GISの活用分野

```
┌──────────┐   ┌──────────┐   ┌──────────────┐
│  地図情報  │   │ 地域統計データ │   │ 企業独自のデータ │
│          │   │          │   │ 競合や補完企業と │
│          │   │          │   │ 顧客の位置情報  │
└────┬─────┘   └────┬─────┘   └──────┬───────┘
     │              │                │
     ↓              ↓                ↓
```

GIS（地理情報システム）
Geographic Information System

↓ 活用分野

● 小売・流通業商圏分析・市場分析

● 新規出店計画・立地評価

● 既存店評価・活性化・販売促進

● 顧客管理・顧客サービス

● メーカーのセールスマン業務支援

● 販売店適正配置計画

● 広告・宣伝計画

► マーチャンダイジング（MD）

05 | 小売業者による製品ミックス

　適切な商品を適切な場所（売場・棚）に適切な価格とタイミングで提供するために、仕入れや在庫も含めた品揃え（Product）、プライシング（Price）、プロモーション（Promotion）、陳列や演出（Place）といった4Pの活動を通じて小売業者がカテゴリーを形成、**編集、管理することをMD**（Merchandising: マーチャンダイジング）**と呼びます。**

　さらに、これらのカテゴリー（売場）を編集、管理することによって店舗レベルでの体系化を目指します。コンビニ、食品スーパー、総合スーパーが、各カテゴリー内の製品ミックスの管理を重視して顧客満足や利便性、クロスセルの増加を狙うのに対し、デパートでは店舗全体の最適化を狙った売場編集（ブランドやカテゴリーの配置）に力点がおかれ、売場レベルのMDは一般的にメーカーなど取引先に依存すること（インショップ・テナント型）が多いようです。

　小売業者の目的はカテゴリー全体の売上増なので、既存の（メーカーによる）商品別分類にとらわれず、消費者のニーズに合わせたカテゴリーを新たに規定し、それを管理する**カテゴリーマネジメント**が重要です。たとえば、パンを買うのは朝食のためであり、同時にバター、チーズ、ジャム、ハム、コーヒーなどが求められます。

　消費者ニーズにもとづいたMDを施策することにより、わかりやすく便利な売場を提供できるばかりか、新たな需要の喚起にもつなげることができます。近年ではメーカー、特に業界のリーダー企業が小売業者のために、競合製品をも含めた売場の形成、棚割り、販促などのカテゴリーマネジメントを支援・指導するケースも見られます。

マーチャンダイジングとは

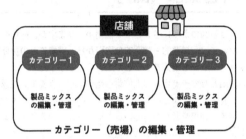

適切な商品を
適切な場所（売場・棚）に
適切な価格とタイミングで
提供する

品揃え	Product	
プライシング	Price	MDの4P
プロモーション	Promotion	
陳列・演出	Place	

▶営業、セールス

06 ほとんどの会社に存在する「営業部（課）」

　営業には右図のようにさまざまな役割がありますが、競争の激しい環境においては、**単発的・短期的な取引から、得意先との長期的なリレーションシップを構築すること**が重要になります。

　その理由としてチャネルの上位集中化があげられます。流通業者のチェーン展開・統合などにより、メーカーの売上の多くを少数の有力な小売業者や卸売業者が担っているため、これらの業者との継続的な関係を保つことが以前にも増して重要になっているからです。

　もう1つの理由は、単にでき合いの製品を売り込むだけでは機能や品質が類似している競合製品との十分な差別化をはかれないため、営業の提案力がビジネスを勝ち取るためのカギとなっているからです。

　営業に関する企業の意思決定領域は3つあります。第1は**組織構造**に関するもので、地域別（コスト重視）、製品別（サービス重視）、顧客の業種・業態別（問題解決提案重視）などがあり、これらを組み合わせることもあります。製品別営業組織は企業の視点が強いため、提案によるクロスセルや顧客満足の低下といった危険性に留意が必要です。営業組織の規模やテリトリー（担当範囲）の設定も含まれます。

　第2は**資源配分**に関するもので、既存／潜在顧客や異なる製品に対する訪問回数、訪問時間などを決めます。営業マンは具体的な指示がないと、売上を得やすい従来製品を既存の得意先に売り込むことに資源を費やす恐れがあるからです。

　第3は**管理**に関するもので、セールスフォース（営業マン）の評価、報酬、モチベーション管理、トレーニングなどが含まれます。

30秒でわかる! ポイント

営業の目的と役割

目的

得意先との長期的なリレーションシップの構築

役割

- ●販売機会、ターゲット顧客の探索
- ●問題解決の提案
- ●情報伝達
- ●販売
- ●サービス
- ●情報収集

意思決定領域
- ・組織構造
- ・資源配分
- ・管理

▶テスト・マーケティング（1）

01 | リスク回避のための3つのテスト

　新事業・新製品の失敗は、金銭的・時間的なロスのみならず、企業イメージへのダメージ、従業員士気の喪失、流通業者との関係悪化、さらには投資家の信頼低下など多くの問題につながります。したがって、特に多額の資本を投じた高リスク製品の場合、全国規模での市場導入の前に、**成否のリスクを評価して戦略・戦術計画を事前修正・変更するため、テスト・マーケティングを行う**ことがあります。

　テスト・マーケティングの目的は、新製品が消費者にどのように受け入れられるか（売上予測、トライアル率、リピート率、採用率＝長期的購入者の割合、購入頻度、製品イメージ、価格やプロモーションに対する反応など）と、流通業者にどう受け入れられるか（配荷率、棚割り、価格など）を把握することにあります。

　テスト・マーケティングには、標準型、コントロール型、シミュレーション型の3タイプがあります。

　最初の2つは、いずれも実際の店舗で行われます。**標準型**は、全国展開のプログラムを、地域を限定して実施するので、メーカーの営業はまず地域の流通業者に売り込む必要があります。また、本番さながらの広告やプロモーション・キャンペーンなども地域限定で行い、消費者の反応を調べます。**コントロール型**では、メーカーや調査会社が契約した店舗で、あらかじめ指定された価格、棚割り、店内ＰＯＰなどの管理された状況下で新製品が販売されます。新製品に対する流通業者の反応を知ることはできませんが、テストにかかる費用や期間を抑えることができます。**シミュレーション型**は次節で紹介します。

30秒でわかる！ ポイント

新製品の失敗

製品が失敗すると？

金銭的ロス
時間的ロス
企業イメージへのダメージ
従業員士気の喪失
流通業者との関係悪化
投資家の信頼低下

だから

テスト・マーケティング

を行う

▶テスト・マーケティング（2）
02 | メリットとデメリットを天秤にかける

　新製品の売上が伸びないのには、さまざまな要因があります。

　日用消費財では、試用購入する消費者が多くても再購入率が低い場合、製品に問題があり満足度が低いことを示唆します。長期的購入者の割合（採用率）は高いが購入頻度が低い場合は、用途や使用方法が顧客に十分伝わっていない可能性があります。

　テスト期間を決める際に重要なことは、**再購入までの十分な時間があること**と、**製品の季節性**を考慮することです。

　テスト・マーケティングにはデメリットもあります。まずは**費用と時間の問題**です。製品の投入が遅れると、市場でパイオニア的な優位性をとり損なう恐れもあります。市場でテストを行うことによって、新製品のアイデアを他企業に知られて、先に商品化されてしまう可能性もあります。また、競合企業がテストを妨害しようと、大々的なプロモーションをしかけて新製品を失敗に導き、導入をあきらめさせようとする事例も見られます。したがって、テスト・マーケティングを行うべきかは、これらの**デメリットと失敗リスクの低減というメリットをはかりにかけて判断する**必要があります。

　デメリットの影響を弱めるテスト・マーケティングがシミュレーション型です。実際の市場（店舗）ではなく実験室で行われるため、**プリテスト・マーケティング**ともいいます。競合に気づかれにくく、限られた予算と時間で比較的精度の高い結果が得られます。リサーチ会社の独自ノウハウを盛り込んだ ASSESSOR や TRACKER などのプリテスト・マーケティングが商用で提供されています。

30秒でわかる! ポイント

テスト・マーケティングのタイプ

	標準型 (地域を限定した本番)	コントロール型 (契約店舗でのテスト販売)	シミュレーション型 (実験室での模擬購買調査)
費用	大	中	小
期間	長	中	短
競合による妨害・干渉やアイデアのコピーの可能性	大	中	小
リアリティ	高	中	低

> ▶ シミュレーション型テスト

03 | 市場を使わないテスト

プリテスト・マーケティングは通常、ショッピング・モールの一室に設けられた模擬店舗で行われ、調査は次の手順で進められます。

[1] モールで、製品カテゴリーの使用状況などにもとづきターゲットとなる被験者を30〜40人ほど選びます。

[2] カテゴリー内の既存製品に関する情報、想起集合、選好度、ブランド選択における属性の重要度などをアンケートで尋ねます。

[3] 被験者に5〜6製品のテレビCMを、どれがテスト対象の新製品かを知らせずに視聴してもらいます。

[4] その後、それら広告の信憑性、好感度、製品の購入意図などを評価してもらい、クリエイティブの診断に使います。

[5] 模擬店舗で平均価格程度のお金を渡し、購買をしてもらいます。与えられた金額と購入製品の価格との差額は被験者が負担するが持ち帰ってよいこと、気に入った製品がないときは購入しなくてもよいことを周知して、よりリアルな経済的状況を再現します。

[6] 当該新製品を選択しなかった被験者には、サンプルを無料で提供し、家庭での試用を促します。

[7] 後日、無料サンプルを消費したタイミングで、実験室で行った調査 [2] を、新製品を加えて電話で行います。そして被験者には、通常価格で新製品を再購入できる機会を与えます。

[2] と [7] では、新製品の参入前後のブランド選択確率をそれぞれ推定することによって**新製品シェアの源泉**を、[5] では**トライアル率**を、[7] では**リピート率**を、それぞれ算出します。

30秒でわかる! ポイント

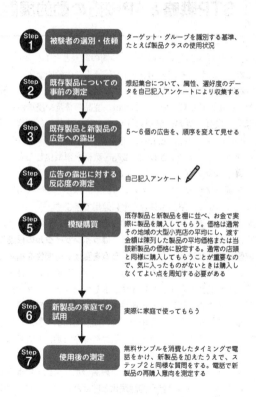

シミュレーション型テスト・マーケティング

Step 1 被験者の選別・依頼
ターゲット・グループを識別する基準、たとえば製品クラスの使用状況

Step 2 既存製品についての事前の測定
想起集合について、属性、選好度のデータを自己記入アンケートにより収集する

Step 3 既存製品と新製品の広告への露出
5〜6個の広告を、順序を変えて見せる

Step 4 広告の露出に対する反応度の測定
自己記入アンケート

Step 5 模擬購買
既存製品と新製品を棚に並べ、お金で実際に製品を購入してもらう。価格は通常その地域の大型小売店の平均にし、渡す金額は陳列した製品の平均価格または当該新製品の価格に設定する。通常の店頭と同様に購入してもらうことが重要なので、気に入ったものがないときは購入しなくてよい点を周知する必要がある

Step 6 新製品の家庭での試用
実際に家庭で使ってもらう

Step 7 使用後の測定
無料サンプルを消費したタイミングで電話をかけ、新製品を加えたうえで、ステップ2と同様の質問をする。電話で新製品の再購入意向を測定する

▶製品ライフサイクル

01 STP戦略と4P戦術の動的展開

製品・サービスの売上や利益は、時間の経過とともに変化します。そのため、マーケティング戦略や4P戦術もこの動的な変化に整合性のある対応がなされるべきであることを概念的に説明したのが**製品ライフサイクル（PLC）**です。これは、製品の普及や浸透のレベルにより導入、成長、成熟、衰退の4つの段階に分けて、顧客（市場：Customer）、企業（Company）、競争（Competitors）という3Cに関する特性と、それにふさわしい戦略・戦術を類型化したものです。

この概念はカテゴリー（例：テレビ）、形態（例：白黒、カラー、ブラウン管、プラズマ）、ブランド（例：WEGA、ブラビア）、個別製品など、異なった製品の集合水準に適用できます。

PLCは広く知られている古典的な理論ですが、問題点も多く、その解釈には注意が必要です。**PLCではライフサイクルの段階によって企業側がマーケティング・プログラムを変える必要性を提唱**していますが、この段階を規定しているものにはマーケティング活動の結果である売上や利益が含まれています。もしマーケティング活動によってライフサイクルを管理する可能性を否定してしまえば、単に売上や利益が頭打ちだからという理由で、まだ成熟期にある製品を衰退期と誤判断してしまう恐れがあります。製品の寿命を延ばす方策には、新たな需要を生み出すための用途や流通経路の開拓、製品改良、リポジショニングなどがあります。反対に、製品の世代交代を促進させるために寿命を縮める方策は**計画的陳腐化**と呼ばれ、マイクロソフトのOSである Windows のバージョンなどで見られます。

30秒でわかる！ポイント

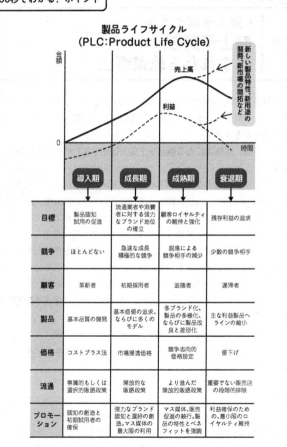

製品ライフサイクル
(PLC：Product Life Cycle)

金額

売上高

利益

新しい製品特性、新市場の開発、新用途の開拓など

0　　　　　　　　　　　　　　時間

	導入期	成長期	成熟期	衰退期
目標	製品認知 試用の促進	流通業者や消費者に対する強力なブランド地位の確立	顧客ロイヤルティの維持と強化	残存利益の追求
競争	ほとんどない	急速な成長 積極的な競争	脱落による競争相手の減少	少数の競争相手
顧客	革新者	初期採用者	追随者	遅滞者
製品	基本品質の開発	基本価値の追求、製品の多様化、ならびに多くのモデル	多ブランド化、製品の多様化、ならびに製品改良と差別化	主な利益製品へラインの縮小
価格	コストプラス法	市場浸透価格	競争志向的価格設定	値下げ
流通	専属的もしくは選択的販路政策	開放的な販路政策	より進んだ開放的な販路政策	重要でない販売店の段階的排除
プロモーション	認知の創造と初期試用者の確保	強力なブランド認知と選好の創造・マス媒体の最大限の利用	マス媒体、販売促進の続行・製品の特性とベネフィットを強調	利益確保のための、最小限のロイヤルティ維持

▸売上予測モデル
02 | 売上予測を はずれたら軌道修正

　新製品の導入が成功し軌道に乗ったあとは、売上を継続的にモニターし、予測との乖離が出てきたときに速やかに原因を追究し、対処する必要があります。

　本節では、**成熟期にある製品を企業が管理するための売上予測モデル**を紹介します。売上は企業がコントロールするマーケティング活動だけでなく、その製品カテゴリー全体に関連するトレンド、季節性、そして経済・社会・技術、競合、イベントなどの外部環境要因に影響されます。これらの要因をベースライン指数という形で、実際の売上から取り除いたものが調整済み売上になります（右の式1）。

　ベースライン指数を推定するためには、移動平均を使ったスムージング法や売上に影響を与えるトレンド、季節性、イベントにダミー変数を使う方法などがあります。そして調整済み売上を自社のマーケティング変数で回帰することにより、それらが**売上に与える影響を推定**できます。

　よく用いられる予測式が、調整済み売上、マーケティング変数とともに対数（ログ）をとったものを関係づける **log-log モデル**で、右の式2のようにあらわされます。

　このモデルの特徴は、① マーケティング変数 k が調整済み売上に与える影響の大きさをあらわす係数（b_k）は弾力性（9−1参照）になる、②マーケティング変数間の相互作用が考慮されている、③ 調整済み売上に対する説明変数の影響は係数の値によって逓減型（$|b_k|$ <1）にも逓増型（$|b_k|$>1）にも適応できる、があげられます。

売上予測モデル

 式1

売上 = **ベースライン指数** × **調整済み売上**

外部環境要因の影響　　　　自社のマーケティング
　　　　　　　　　　　　　要因の影響

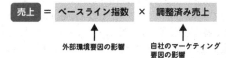 式2　積乗型（log-log）モデル

log（調整済み売上）

$= b_0 + b_1 \times \log（説明変数1）+ \cdots + b_k \times \log（説明変数k）+ \varepsilon$

係数 b_k は説明変数 k の弾力性をあらわす

$$b_k = \frac{d\log（調整済み売上）}{d\log（説明変数k）} = \frac{d（調整済み売上）/（調整済み売上）}{d（説明変数k）/（説明変数k）}$$

▶限られた資源の有効活用

03 | プロモーション・ミックスの 最適な予算配分

　プロモーションにはさまざまな種類があります。コミュニケーションでは、マス4媒体、ネット、交通広告などがありますし、販売促進ではチラシ、特別陳列、サンプル配布、キャンペーンなどがあります。企業が利益を最大にするためには、それぞれのプロモーション活動にどれだけの予算を支出すればよいのでしょうか？

　ここでは簡単な数理モデルを使って、**予算配分の大まかな目安を導出**しましょう。これはコンサルティング会社もよく用いる手法です。

　右図の式は新製品の利益を示したもので、「収入 $(p \cdot x)$ −生産コスト $(c(x))$ −プロモーション m の支出額 (a_m)」で定義されます。利益を最大化するには、企業が決定すべき価格 p と支出額 a_m で微分してゼロと設定した $m+1$ 個の連立方程式を解けばよいのです。

　すると、収入に対する各プロモーションの支出額の割合は、**価格弾力性**とその**プロモーション弾力性**との比率に等しくなります。また総予算に制約がある場合でも、予算を各弾力性に比例するように配分すれば利益が最大化されることが導出できます。たとえば日用消費材の平均値である価格弾力性が −2.5、テレビ広告とネット広告の弾力性がそれぞれ0.10と0.05の場合、収入の4％と2％をテレビとネットに支出するべきです。広告の総予算に制約があるときは、総予算をテレビとネットに2対1の比率で配分するべきなのです。この手法では利益が右式で適切にあらわされることが前提のため、① 競合の影響やプロモーション・ミックスの長期的効果が考慮されていない、②各弾力性の値が安定している必要があるなどの限界があります。

30秒でわかる！ ポイント

プロモーション・ミックスの最適な予算配分

総予算制約がない場合

利益$(p, a_1, ..., a_m) = p \cdot x - c(x) - a_1 - \cdots - a_m$

　p＝価格　　x＝販売数量　　c(x)＝コスト関数

x$(p, a_1, ..., a_m)$は価格 p とプロモーション m の支出額 a_m
の関数であることに注意して解くと

$$\frac{a_m}{p \cdot x} = -\frac{\gamma_m}{\eta}$$

　　η＝価格弾力性
　　γ_m＝プロモーション m の弾力性

総予算制約がある場合

利益$(p, a_1, ..., a_m) = p \cdot x - c(x) - a_1 - \cdots - a_m$

制約：$a_1 + \cdots + a_m \leqq B$

B＝プロモーション・ミックスの総予算

$$a_1 : \cdots : a_m = \gamma_1 : \cdots : \gamma_m$$

γ_m＝プロモーション m の弾力性

現代
マーケティング

【第3部で知っておきたい用語】

▼1to1マーケティング

顧客1人ひとりに対する個別対応であり、異なったニーズをもつ顧客の満足度を最大化するうえで効果的な方法。IT技術により1人ひとりにカスタマイズされた対応が可能になってきている。

▼CRM（顧客関係管理：Customer Relationship Management）

ビジネスを顧客の単位でとらえ、新規獲得、維持、クロスセルを通じて長期的な観点から収益を得るという個別対応で重要な概念。

▼FSP（フリークエント・ショッパーズ・プログラム）

優良顧客を重視し、潜在的優良顧客へのマーケティングにも力を入れる仕組みの1つ。優良顧客を差別化し、貢献度に応じて優遇策をとるなどして、囲い込みを行う。

▼RFM分析

購買額（Monetary）だけでなく、購買頻度（Frequency）と直近の購買からの日数（Recency）で優良顧客を判断する分析法。顧客のスコアに応じて適切な施策を実施する。

▼LTV（顧客生涯価値：Life Time Value）

1人の顧客から生涯にわたって得られるであろう収益のこと。長期的な視点に立ったマーケティングではこの最大化を目指す。基本的な概念は、「平均マージン×購買頻度×生涯期間－顧客維持の総投資額」。

▼カスタマー・エクイティ（顧客資産）

潜在顧客1人当たりの長期的価値。大雑把にいうと、初年の「新規顧客」として得られる利益と次年度からの「既存顧客」としての生涯価値を適切な割引率で合算したもの。

▼ブランド・エクイティ

ブランドという企業の無形資産の価値のこと。ブランドを育成・管理するためには、ブランド・エクイティを測定し、そのブランド力を継続的に監視する必要がある。

▼経験価値マーケティング

製品・サービスの購入・消費・使用を通して心の中で生まれた価値は記憶に残りやすいため、消費者の「経験」を強く訴求することによって、ブランドの持続的なイメージを創り出そうとする手法。

▼サービス主体思考（service dominant logic）

「モノ」と「サービス」を区別することなく包括的にとらえ、「企業がいかにして顧客とともに価値を創造できるか」という視点からマーケティングをとらえる考え方。現在の多くのブランドの方向性は、物財から有形財と無形財とを組み合わせて行う取引プロセスへと進化している。

▼イールド・マネジメント

価格の調整による需要管理手法。1970年代、米国航空業界の規制緩和による競争激化の中から生まれたもので、顧客の料金支払い意欲に応じて価格を上手に管理することにより、収益の最大化をはかる。

01 ▶1to1マーケティング
マスから個々人へのマーケティング

　顧客の満足度を最大にするためには、本来、個別対応をすることが理想的です。しかしビジネスにおけるベネフィットとコスト、個々人へのアクセスと差別化のむずかしさから、**通常、企業はセグメンテーションという形で差別対応**をはかっています。ただし、顧客数が限られている場合、取引が高額、取引が継続的に行われるなど状況によっては、個別対応がなされることもあります。多くのソリューション提案型B2Bビジネス、住宅・自動車販売や富裕層に対する百貨店の外商／コンシェルジュなどがこれに該当します。

　近年では、**IT技術を使うことによって1人ひとりカスタマイズされた1to1マーケティングを行う**ことが可能になりつつあります。たとえば、PCのBTO（Build to Order）、TPOや競合に応じたプライシング、購買や閲覧履歴にもとづいて提示されるレコメンデーション、製品と額面が個人別にカスタマイズされたオンラインやレジのクーポン、マルチチャネル購買経路などです。

　個別対応で重要な概念が、ビジネスを取引・販売の単位ではなく顧客の単位でとらえ、新規獲得、維持、クロスセルを通じて長期的な観点から収益を得る**CRM**（Customer Relationship Management：顧客関係管理）です。**新規顧客の獲得コストは既存顧客の維持コストの5～10倍**ともいわれているため、顧客と長期にわたる関係を構築し、継続的な取引を行うことが大切です。そのためにはさまざまな情報源から顧客データベースをつくり、彼らのニーズを理解して適切な価値を提案することが重要になります。

30秒でわかる！ ポイント

ITによる1to1マーケティング

IT技術 … 1人ひとりにカスタマイズされた
1 to 1 マーケティングが可能に

→ **PCのBTO**(Build to Order)

→ **TPOや競合に応じたプライシング**

→ **購買や閲覧履歴にもとづいて提示される
レコメンデーション**

→ **製品と額面が個人別にカスタマイズされた
オンラインやレジのクーポン**

→ **マルチチャネルによる個人別購買経路**

▶ FSP

02 | 優良顧客の囲い込み

CRMが重要になってきた背景には、ごく少数の優良顧客が多くの売上に貢献しているという事実があるからです。これは、**上位20%の顧客が売上の80%を占める**「80―20の法則」と呼ばれていて、所得や商品別売上の分布におけるパレートの法則やべき乗則としても知られています。上位集中の度合いをあらわす80―20は業界によっても異なり、日本やアメリカのスーパーマーケットの場合は、それぞれ、60―40と70―30ぐらいです。

限られた資源を有効に使うためにも、企業はより多くの利益をもたらす優良顧客を重視し、現時点での優良顧客のみならず、将来の**潜在的優良顧客へのマーケティングにも力を入れるべき**なのです。

その仕組みの１つが**FSP**です。これは以前からスタンプカード、現在ではポイントカードという形で知られていますが、本格的なCRMのツールとしては1981年アメリカン航空の Frequent Flyer Program が始まりだといわれています。優良顧客をポイント還元などで優遇し、**競合へのスイッチング・コストを高める**ことにより優良顧客を囲い込み、顧客特性や購買履歴などの情報を蓄積することによって1to1マーケティングに活用しようというものです。

FSPの意図は優良顧客の差別化です。「差別」というと聞こえが悪いですが、より多くの利益をもたらしてくれる得意顧客にはそれなりの待遇を提供する「公平」な仕組みなのです。ただし収集した顧客情報をマーケティングに活用できなければ、競合も簡単に模倣できる単なる値引きツールになってしまうことに注意すべきです。

30秒でわかる! ポイント

顧客ピラミッドと売上貢献度

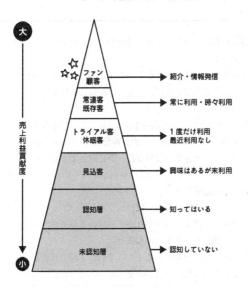

大

☆☆☆ ファン顧客 → 紹介・情報発信

常連客 既存客 → 常に利用・時々利用

トライアル客 休眠客 → 1度だけ利用 最近利用なし

見込客 → 興味はあるが未利用

認知層 → 知ってはいる

未認知層 → 認知していない

売上利益貢献度

小

ピラミッドの階層が上がるほど、企業・店舗に対する売上・利益貢献度が高くなります。見込客以下の層では、売上・利益への貢献はありません

▶ デシル分析、RFM分析

03 優良顧客を識別する

　企業の利益に貢献してくれる優良顧客はどのように見つければよい
のでしょうか?

　ポイントカードのようなCRMシステムによって顧客別の購買履歴
データが保存されていれば、一番、単純な方法は購買を合算した購買
額によって評価することです。

　実務家の間では、一定期間内の購買額によって顧客をサイズの等し
い10のグループに振り分ける**デシル分析**という手法がよく用いられ
ます。そして、**上位2〜3のグループに対して**、限られたマーケティ
ング資源をDM (Direct Mail) やキャンペーンなどの**プロモーショ
ン活動として投資**します。

　しかし、同じ「上位顧客」にDMを送り続けても、その効果は**収穫
逓減**(飽和)に阻まれるばかりか、過度のプロモーションに「うんざ
り」されて逆効果にもなりかねません。

　また、昨年の購買額が多くても、それは1回の高額商品の購入によ
るもので、普段は他店で買い物をしている場合や、すでにほかの地域
に引っ越していて当該店舗では購買しない場合もあります。

　そこでデシル分析を一歩進めて、購入額 (Monetary) が高いだけ
でなく、購入頻度 (Frequency) が高く、直近に購入した (Recency)
顧客ほど優良と判断する**RFM分析**が使われます。

　Recency が低い(最近購買していない)ということは、他社へと
離反している可能性が高いからです。RFMの3指標をそれぞれ5〜
1で得点化し、顧客のスコアに応じて適切な施策を実施します。

30秒でわかる！ ポイント

RFM分析の事例

	Recency 直近購入日	Frequency 購入頻度	Monetary 購入額
ランク5	1週間以内	20回以上	20万円以上
ランク4	2週間以内	10回以上	10万円以上
ランク3	1カ月以内	5回以上	5万円以上
ランク2	3カ月以内	2回以上	1万円以上
ランク1	3カ月より前	2回未満	1万円未満

ランクをいくつにしてどこで区切るかは、業種、業界、商品や分析を行う時期、用いるデータの期間などによって異なります

▶ RFM分析の効果的な用い方
04 潜在的な優良顧客への投資も重要

RFM分析を単なるグループ分けのツールとみなし、3指標を合算したスコアにもとづいて上位の顧客セグメントにアプローチするだけでは不十分です。また、RFM指標は現時点での購買行動をあらわしているため、将来的に「優良」になりえる**潜在的顧客への投資が手薄になりがち**です。もともとRFM分析は、効果の薄いと思われる顧客にはカタログを送付しないようにするための「コスト削減」ツールとして、CRMという概念が登場する前から使われていました。

CRMは、顧客が1人ひとり異なることを認識し、各人にふさわしい対応をとることで継続的な関係性を築いていくことです。各指標が意味する顧客の購買状態と時間軸におけるその変化を理解して、「**個客**」に最適化されたマーケティング活動を行う必要があります。

右図は**RFM分析を使った効果的なCRM施策例**です。CRMの現場でよく使われるRFM分析ですが、問題点もあります。

1つ目は、**RFM3指標間の相関が考慮されていない**ことです。購買頻度が高ければ、購買金額は高くなる傾向があります。また、同じRecencyでも、購買頻度の高い顧客のほうが低い顧客より離反している可能性が高くなります(15-5参照)。

2つ目は、顧客を**利益でなく購買額で評価している**ことです。各顧客へのマーケティング活動をコストとして考慮することで、より効果的なCRMを施策できます。また、期間中、同じ購買額を支出していても、特売に対して敏感に反応しないロイヤル顧客とバーゲン品のみを購買するチェリーピッカーとを区別できません。

30秒でわかる! ポイント

RFM分析を使った
効果的なCRM施策例

こんなときは？

CRM（顧客関係管理）施策例
Customer Relationship Management

「最近購入がない」離反・休眠顧客に対する呼び戻し施策

→ カムバック特典やバースデー割引などのリマインダー＋インセンティブ型プロモーション

「購買金額や頻度の低い」離反・休眠予備軍に対するリバイバル施策

→ レコメンデーション、クロスセルなどの情報提供＋まとめ買い特典などのインセンティブ型プロモーション

既存の「優良顧客」に対する感謝・還元施策

→ 特別な優越感を与える待遇や還元措置、お得意様限定のイベントやセールなどのロイヤルティ構築型プロモーション

05 ▶ 顧客生涯価値
顧客から生涯に
わたって得られる収益

　ＲＦＭ分析はすでに起こった顧客の購買履歴を３指標で記述したものですが、顧客との長期的な関係を重視するＣＲＭでは、将来的な購買行動と維持コストをも考慮に入れて、１人の顧客から生涯にわたって得られるであろう収益を最大化することが有効です。これは**顧客生涯価値**（**ＬＴＶ**：Life Time Value）と呼ばれ、基本的な概念は、「**平均マージン×購買頻度×生涯期間−顧客維持の総投資額**」です。

　厳密には、①既存顧客はまだ生存しており生涯期間は観測されていないため、過去の離反率から推測する必要がある、②将来得られる利益は現在価値（Net Present Value）に換算する必要がある、という２点から、毎年、「顧客から得られるであろう収益−顧客維持コスト」を離反率と期待収益率で割り引いて、生涯期間にわたって合算したものになります。毎年の離反率は、定期購読や有料会員の場合であれば解約率に該当します。

　しかし年会費などの支払い義務がない"契約にもとづかない関係"では、離反する顧客は単に購買をやめるだけなので、解約率がわかりません。通常このような場合、企業は独自の経験則にもとづいて、たとえば顧客が３カ月購買しなければ離反したと判断したりします。

　ただし同じ３カ月のリーセンシーでも、購買間隔が長い顧客は離反の心配がありませんが、購買間隔が短い顧客は離反している可能性が高いでしょう。**より精緻な方法では、ＲＦ指標を用いて顧客別に離反確率を算出する**ため、右図のように、より的確に離反・休眠予備軍である顧客（Problem Child）を識別することができます。

30秒でわかる！ ポイント

"契約にもとづかない関係"でのRF分析

RF分析（既存）

	頻繁 ← 購買頻度 → まれ	
最近	Star（花形）	Cash Cow（金のなる木）	活動中
以前	Problem Child（問題児）	Dog（負け犬）	離反・休眠

（左軸：Recency）

> 一定期間購買がないと離反・休眠と判断
> ⇒同じリーセンシーでも、購買間隔が長い顧客は心配する必要がないが、購買間隔が短い顧客は離反している可能性が高い

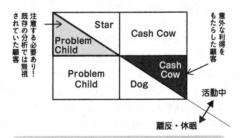

注意する必要あり！既存の分析では無視されていた顧客

Star / Problem Child	Cash Cow
Problem Child	Dog / Cash Cow

意外な利得をもたらした顧客

活動中

離反・休眠

> 最終購買から、どのくらいの期間が経っていたら離反の危険性が高いのかを、その顧客の購買間隔を考慮に入れて判断する必要性
> ⇒顧客ごとに離反確率を計算

出典）阿部誠「RFMデータを用いた顧客生涯価値の算出─既存顧客の維持介入と新規顧客の獲得」
「季刊マーケティングジャーナル」日本マーケティング協会 133（2014年6月）

168

15 CRM

> 顧客資産

06 潜在顧客をも含めた
顧客の長期的価値

CRMではどれだけ顧客維持に投資をしても離反・休眠を完全に防ぐことはできません。企業が成長し継続的に収益を上げるためには、同時に新規の顧客も獲得していく必要があります。そこで重要なのが、潜在顧客1人当たりの長期的価値、**カスタマー・エクイティ**あるいは**顧客資産**と呼ばれる概念です。大雑把にいうと、初年度の「新規顧客」として得られる利益（＝収益−獲得コスト）と、次年度からの「既存顧客」としての生涯価値を適切な割引率で合算したものになります。

右図は潜在顧客の状態を時系列であらわしたもので、潜在顧客1人当たりの収益が右側に、必要な投資額が左側に、そして顧客として維持される確率が中央に示されています。

ここでは、顧客1人当たりの獲得投資額と年間の維持投資額をそれぞれaとr、年間の収益をM、顧客の獲得確率をP_a、1年後の維持率をP_rであらわしています。まず初年度、潜在顧客1人当たりaを投資すると、年度末までに顧客として獲得できる確率がP_aなので、$P_a \times M$の収益が得られます。次年度からは、毎年、rを投資することにより、顧客であればMの収益が得られますが、顧客としてとどまる確率は年々、幾何学的に維持率P_rで減少します。

顧客資産は毎年の収支（左側・右側）を現在価値（NPV）で換算したものなので、獲得確率P_a、維持率P_r、収益Mの値に依存しますが、これらは獲得・維持投資額aとrの関数です。したがって、限られたCRMの予算を、獲得と維持に最適なバランスで投資することで、企業は**長期的な利益の目安となる顧客資産を最大化**できるのです。

30秒でわかる！ポイント

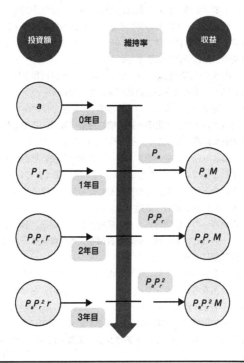

カスタマー・エクイティ（顧客資産）

新規顧客からの利益と既存顧客からの利益を正味現在価値
（Net Present Value）に換算して合計する

投資額	維持率	収益

- a ／ 0年目
- $P_a r$ ／ 1年目 → P_a → $P_a M$
- $P_a P_r r$ ／ 2年目 → $P_a P_r$ → $P_a P_r M$
- $P_a P_r^2 r$ ／ 3年目 → $P_a P_r^2$ → $P_a P_r^2 M$

▶情報の非対称性の緩和

01 経済の環境を大きく変えたインターネット

　インターネットの一番の特徴は、情報の発信と受信が両方可能なことです。コンピュータなどの情報機器は、**双方向性のメディア**につなぐことにより、非常にパワフルなツールになりました。ネットは消費者と企業の行動に多大な影響を与えています。

　ネットの普及以前、製品・サービスに関する情報は需要側の消費者より供給側の企業のほうが圧倒的に多くもっていました。しかし消費者を情報処理者ととらえると（3章参照）、質問を投げかけてはその答えを得るという**ネット上の一連の情報探索行動は、この情報の非対称性を大きく緩和**しています。その結果、次節以降で紹介するように、消費者側はより強いパワーをもち、4Pにおける決定権が企業側からシフトすることによって新たなビジネスモデルが生まれています。

　ネットは企業戦略にも大きな変化をもたらしています。顧客に対するアクセス性の向上から「直接対応」が、そしてITの併用による効率化から顧客への「個別対応」が現実的となり、従来、B2Bや通信販売ビジネスなどに限られていた**CRMを大規模なスケールで実践することが可能**になりました。

　経済システムの構造自体にも変化が起きています。最近では、余剰から生じた消費者の製品・サービス（宿泊、車、財）をほかの消費者に提供する Airbnb、Uber、オークションなどが広がりつつあります。ここでは財の供給者と需要者に区別はなく、ネットのC2C（消費者間）相互作用にもとづいた**シェアリング・エコノミー**の一種と考えられます。

30秒でわかる！ ポイント

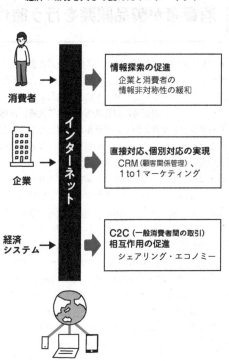

経済の環境を大きく変えたインターネット

消費者 →
企業 →
経済システム →

インターネット

→ **情報探索の促進**
企業と消費者の
情報非対称性の緩和

→ **直接対応、個別対応の実現**
CRM（顧客関係管理）、
1 to 1 マーケティング

→ **C2C（一般消費者間の取引）**
相互作用の促進
シェアリング・エコノミー

▶製品施策への影響

02 | 消費者が製品開発を行う時代

　ネットの普及以前は、製品・サービスの供給者と需要者の役割が明確に分かれており、ユーザーの意見が反映されても、製品開発は企業主導で進められるものでした。ネットにより消費者がより多くの知識をもつようになると、**消費者に製品スペックの決定権、さらには製品開発までもがシフトするビジネスモデルが登場**してきました。

　基本的な形態としては、パソコンや旅行ツアーなどで見られる**BTO**（Build to Order）と呼ばれる製品のカスタマイゼーションがあります。顧客は個々の構成要素の仕様と価格をスクリーン上で比較しながら、好みに合わせたスペックを構築できます。顧客にとっては選択の自由度が増え、営業マンとの煩わしい対応が必要ないというメリットがあり、企業にとっては自動化による人件費の削減や、受注後に生産を行うため在庫リスクが低くなるなどのメリットがあります。

　これを発展させた形態では、「**プロシューマー**」と呼ばれる専門的な知識をもった消費者（professional + consumer）に製品開発の一部を委譲します。ソフトウェアでは、リリース前のベータ版をリードユーザーに無償で配布することによって企業がフィードバックや改善のアイデアを得たり、Linux やウィキペディアのようにすべての開発プロセスをユーザーが行う事例があります。製品では「**CUUSOO**（旧・空想生活）」のように、開発してほしい商品のアイデアを消費者から募り、一定数以上の賛同が得られれば製造業者に製品開発・製造を委託します。これを一般化したものが、事業やアイデアに対してネット上で資金を募るクラウド・ファンディングです。

30秒でわかる! ポイント

ウェブを使った共創の新製品開発

従来

主導権あり

声が届きにくい

企業　　　　　　　　ユーザー

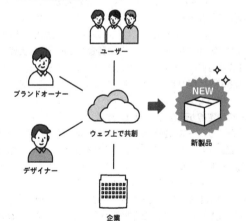

ネットの普及後

ユーザー

ブランドオーナー

ウェブ上で共創

NEW

新製品

デザイナー

企業

▶ 価格施策への影響
03 │ 価格を決める主体が消費者になる

　CRMやイールド・マネジメント（19-5参照）との併用により、価格を顧客、在庫、需要、時間によってリアルタイムで細かく調整することが可能になりました。アマゾンが新規顧客と既存顧客に異なる価格を提示したり、コカ・コーラが自販機の価格を天候によって変動させることを検討したときに物議をかもしたように、**不公平感や非倫理感を伴うプライシングはネット上で「炎上」を起こし**、企業の大きなイメージダウンにつながります。顧客によって価格を差別する場合は、ルールを明確にして公平感を保つことが大切です。

　ネットは顧客が大量の価格情報を収集・比較するツールとしても有用です。さらにその作業を自動化・効率化した価格比較サイトやショップボットの出現によって、**消費者の価格感度は上昇傾向**にあり、小売業者間の価格競争は激しさを増しています。小売業者にとっては価格以外の側面でいかに差別化をはかるかが、きわめて重要な課題となっています。

　価格の決定権が顧客にシフトした例としては、プライスライン社に代表される**リバース（逆）オークション**があります。顧客が宿泊の地域、日程、グレードを指定して希望価格を提示すると、供給側が受諾した場合は具体的なホテル名が明かされ、キャンセル不可の予約が入りクレジットカードが課金される仕組みになっています。

　また、決済手段として電子マネーやビットコインのような仮想通貨が広く普及し始めており、貨幣経済からシェアリング・エコノミーへと、ネットの力は物々交換のトレンドを加速させているようです。

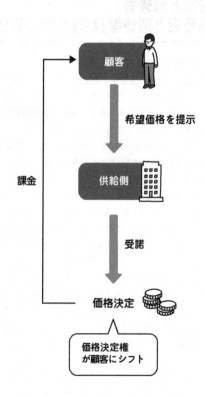

リバースオークションの仕組み

顧客

希望価格を提示

供給側

課金

受諾

価格決定

価格決定権
が顧客にシフト

▶プロモーション施策への影響
04 「企業と消費者」
「消費者と消費者」が双方向に結びつく

双方向性という特徴を備えたネットは、コミュニケーションという本来の目的と合致したメディアです。単方向のマスメディアによりターゲットへ広く浅くリーチして、消費者をウェブサイトに誘導するというメディア間の相互作用を活用する**クロスメディア戦略**が重要です。

さらに、サイトでは情報を一方的に提供するだけでなく、双方向性を生かしてビジターの積極的な関与を促すことにより、**顧客の心にエンゲージメントと呼ばれる絆・結びつきを構築する**ことも効果的です。

検索連動型広告では、どのキーワードに対してどの位置に広告（検索結果）が表示されるかが、自社サイトへの誘導やコンバージョンに大きな影響を与えます。そのため、どのようなキーワードやその組み合わせにいくらで入札するべきかを最適化する**SEO**（Search Engine Optimization）が有益です。また、複数の検索セッションからコンバージョンが発生した場合には、各キーワードの貢献率を算出する**アトリビューション**が、入札価格を決定するうえで重要になります。

SNS、コミュニティー、ツイッターなど消費者間相互作用による口コミの巨大な影響力は企業にとって吉とも凶ともなりえます。ネットの口コミを利用した話題づくりやしかけである**バイラル・マーケティングやステルス・マーケティング**は大変効果的である半面、その拡散を管理することがむずかしく、企業が意図しない方向に向かったり、宣伝やヤラセであることを隠すことにより消費者をだます行為だと批判される危険性があります。また、不祥事などがネットに流出した場合、今まで以上に敏速な危機管理と情報開示が求められます。

30秒でわかる！ポイント

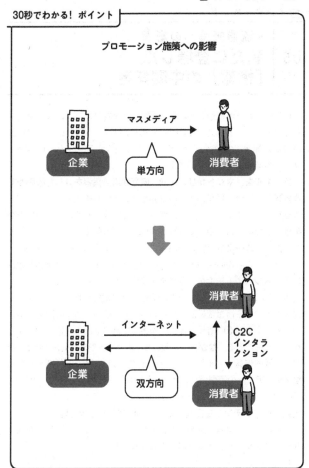

プロモーション施策への影響

企業　──マスメディア──→　消費者
（単方向）

企業　←─インターネット─→
（双方向）

消費者　↕ C2Cインタラクション　消費者

▶ 流通施策への影響

05 新たに登場した「情報」の中間業者

CRMの普及が製造業者による顧客管理を容易にした結果、流通業者を排除した「中抜き」(直販)の形態が多々、見られます。特に、決済から配送までのプロセスがネットで完結するデジタル情報財では、その傾向が強まっています。

チャネルを、ネットかリアルか、直販か流通業者を介した販売かで4分類した場合、現在、多くの業界や企業はマルチチャネルでビジネスを行っています。その際、消費者が商品購入のために実店舗で現物を確認したあと、その場では買わずにネット通販で店頭より安く購入する**ショールーミング行動**が問題になっています。メディアと同様に、各チャネルの特性の違いとそれらの相互作用を生かした効果的な**オムニチャネル**による施策が、今後ますます重要になるでしょう。

ネットにより世の中に流通する情報量は飛躍的に増えましたが、人間が処理できる情報量は限られているため、情報過負荷の問題が指摘されています。その結果、複数情報源を同時に低関与(直感的、非合理的)で処理する「**ながら**」接触、まとめサイトやランキングサイトなどの「**要約情報**」の重視、マスメディアより口コミなど「**パーソナルなメディア**」への過剰信頼、といった情報処理行動が見受けられます。

このような環境では、情報過多から生じる消費者の負荷を減らして**企業とのマッチングを促進する情報中間業者も多数出現**しています。これらはカカクコム、食べログ、トリップアドバイザーのようなメタサーチエンジンやショップボットに代表されます。

30秒でわかる! ポイント

流通施策への影響の例（SONY のマルチチャネル）

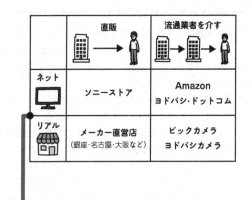

	直販	流通業者を介す
ネット	ソニーストア	Amazon ヨドバシ・ドットコム
リアル	メーカー直営店 （銀座・名古屋・大阪など）	ビックカメラ ヨドバシカメラ

問題点

ショールーミング行動 …… リアル（実店舗）で現物を確認したあとネット通販で安く購入する

オムニチャネルによる施策が重要に …… リアルとネットの境界を融解する仕組み

▶宝の山であるとともにゴミの山

01 | ビッグデータで何ができるのか

　情報技術の発達は、さまざまなタイプのデータを日々、大量に生み出しています（右図）。その結果、1人ひとりの顧客を深く理解し、より効果的なマーケティングを実践するための情報が、以前とは比較できないレベルであふれています。

　しかし裏を返せば、ここから有用な知見や知識を得られなければ、これらは保存に厄介な単なるゴミであり、情報にはなりえません。

　現在多くの企業は、このビッグデータからいかに有用な情報を抽出して、それをマーケティングに利用するかに行き詰まっています。

　たとえば、購買金額にもとづいた単純な一律還元ポイント・システムを考えてみましょう。本来、収集される顧客の購買履歴データを分析して有効なCRMを施策することに価値があるのですが、単なる還元率合戦による過当競争を生み出すだけになっています。そして、企業は「FSP（15-2参照）を導入したのに利益が上がらない」と首をかしげ、消費者は似たような競合企業のロイヤルティ・カードを複数もち、もはやロイヤルティの役目をなしていません。また、分析に至らなくとも、ユーザーによる評価や投稿レビュー、顧客の好みを学習したCRMシステムなど、情報自体は顧客のスイッチングコストを高め、企業の競争優位の武器にもなりえるのです。

　ビッグデータの「ビッグ」は「Volume（容量）」「Variety（多様）」「Velocity（速度）」の3次元で特徴づけられます。そこから「Veracity（正確性）」と「Value（価値）」を導き出すことが、今、ビジネスにおける最優先の課題になっています。

30秒でわかる！ ポイント

ビッグデータとは？

**ウェブサイト
データ**

購入履歴、ブログエントリーなど

（EC サイトやブログなどに蓄積されたもの）

**マルチメディア
データ**

音声、動画など

（ウェブ上の配信サイトなどを通して提供）

**ソーシャル
メディアデータ**

参加者のプロフィールやコメントなど

（ソーシャルメディアで書き込まれたもの）

**カスタマー
データ**

DM などの販促データ、会員カードデータなど

（CRM システムで管理など）

ビッグデータ

センサーデータ

位置、乗車履歴、温度、加速度など

（GPS、IC カード、REID などで検知など）

オフィスデータ

オフィス文書、E メールなど

（オフィスのパソコンなどを使って作成）

ログデータ

アクセスログ、エラーログなど

（ウェブサーバーなどで自動的に生成など）

**オペレーション
データ**

POS データ、取引明細データなど

（販売管理などの業務システムで生成など）

▶データマイニングとAI

02 データの山から宝を探せ！

　データマイニングは、**大規模なデータから有用な情報を抽出するプロセスのこと**で、計算速度や実用性を重視し、解析の探索的な側面が強調されます。解析手法は、目的（従属）変数の有無とアプローチによって大きく4つに分類することができます（右表）。

　マーケティングで使われる代表的な例をあげてみましょう。「**アソシエーションルール**」は、どの商品が併買されやすいかを大量の購買データから自動的に抽出する手法です。これは店舗の棚割りやレコメンデーションに重要な示唆を与えます。「**クラスター分析**」では過去の購入商品の種類によって顧客を分類し、セグメント別に適切なプロモーションをしかけることができます。「**回帰分析**」では、連続値をとる従属変数と説明変数との関係を推定します。たとえばコンビニの需要予測では、日時、天候、近隣のイベントなどが商品別の販売量にどう影響するかを過去の販売データを使って分析します。「**判別分析**」は従属変数が離散的な場合の回帰分析と解釈できます。顧客の所属するRFM分析（15-3参照）のクラスあるいは顧客が「購買するか否か」を顧客のデモグラフィック特性に関連づけたりします。

　AIにはさまざまな定義がありますが、**機械学習を発展**させることによって意思決定の能力が加わったものと解釈できるでしょう。1950年代後半に考案されたニューラルネットワークによって、AIの1次ブームが起きました。現在の3次ブームはディープラーニングの実用化によってもたらされたといえますが、その背景にはビッグデータと膨大な計算を並列処理で可能にしたハードウェアの発達があります。

30秒でわかる! ポイント

データマイニングと AI

データマイニング

タイプ	目的	アプローチ	
		統計解析	機械学習
知識発見型 (目的変数なし)	可視化	記述統計	自己組織化マップ、 テキストマイニング
	関連	相関係数、クラスター分析、 主成分分析、因子分析、 コレスポンデンス分析	パターン・ルール抽出、 アソシエーションルール、 ベイジアンネット
予測志向型 (目的変数あり)	分類	判別分析、 ロジットモデル	K-Means、決定木、SVM、 ニューラルネットワーク、 ランダムフォレスト
	推定	回帰分析、線形回帰、 ロジスティック回帰	ニューラルネットワーク、 ランダムフォレスト

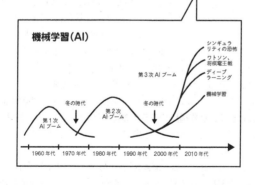

機械学習(AI)

シンギュラリティの恐怖

ワトソン、将棋電王戦

ディープラーニング

機械学習

第3次AIブーム

冬の時代

第2次AIブーム

冬の時代

第1次AIブーム

1960年代　1970年代　1980年代　1990年代　2000年代　2010年代

▶ シミュレーション

03 | ビッグデータを「思考実験」の ツールにする

さまざまな要因がお互いに影響を与える**複雑なシステムの動作を分析・理解する際に有効な手段がシミュレーション**です。マネジャーが使うフライトシミュレータをイメージしてみましょう。ツマミやレバーを通じて入力されたマネジャーによる判断の結果がさまざまな指標（認知率、ブランドイメージ、売上、シェア、利益、株価など）に反映されてダッシュボード上に映し出されます。マネジャーは、仮想的なシナリオ状況下における意思決定の結果を、リスクを伴わずに評価できます。マネジャーの直観を磨く訓練としても有用です。

ここで注意すべきことは、必要なデータをコンピュータに入力すれば、ご託宣のような形で解決策が出てくるわけではないことです。

シミュレータの裏には、理論やデータから事象を再現するモデルが存在しています。スーパーコンピュータを駆使した天気予報のシミュレータでも外れることが多々ありますが、それ以上に不確実な要因（たとえば競合の行動）が多いビジネスの世界では、シミュレータが実務に耐えうる精度を有していない場合も多いです。したがってシミュレータは、予測が当たるか当たらないかよりも**「思考実験」のツールとして、仮説構築やモデルの精緻化に用いることが有益**です。要因間の相互作用や因果関係を忠実にあらわした精度の高いモデルの構造自体が知識の集積であり、その企業の競争優位を支えるのです。

近年、注目されている「**MAS**（Multi-Agent Simulation）」では、自律的に協調したり学習したりする多数のエージェント（消費者や企業）による相互作用の結果が、全体の現象を形成しています。

30秒でわかる！ポイント

シミュレーションとは

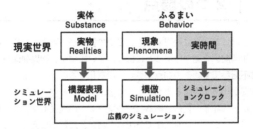

	実体 Substance	ふるまい Behavior	
現実世界	実物 Realities	現象 Phenomena	実時間
シミュレー ション世界	模擬表現 Model	模倣 Simulation	シミュレーションクロック

広義のシミュレーション

シミュレーションの作業プロセス

STEP 1 実際の事象を観察

STEP 2 モデル（仮説）をつくる ◄─────┐

STEP 3 仮想環境で試す

STEP 4 その結果を分析

STEP 5 STEP 2に戻り仮説を修正 ─────┘

ⓘ

● 必要なデータをコンピュータに入力すれば、ご託宣のような形で解決策が出てくるわけではない

● 予測が当たるか当たらないかよりも、「思考実験」のツールとして仮説の精緻化に役立つ

● 最終モデルの仮説と予測を解釈する

04 ▶ AIの罠
ビジネスでAIを用いる際の2つの弱点

　AIはビジネスに適用する際、**2つの弱点**があります。第1にAI
は、相関関係を見つけることには長けていますが、**因果関係を導くこ
とは不得手です**。この弱点がさらに深刻化するのは、AIの結果を見
た人間が相関を因果と誤判断し、意思決定を行ってしまうことです。

　たとえば昨年の夏に、あるビールブランドの地区別売上と広告量を
含んだビッグデータをAIで分析した結果、広告が増えると売上が大
幅に伸びることがわかり、今年の夏も広告量を増やすことにしたとし
ましょう。この意思決定では、①広告が売上を増やすという因果関係
を仮定していますが、②売上が伸びた地区は、追加予算が配分された
ため広告量を増やした（**逆因果**）、あるいは③猛暑で売上が（広告と
は無関係に）増えたと同時に、猛暑で売れそうな地区の広告量を会社
が増やした（猛暑＝**交絡因子**）という可能性はないのでしょうか？

　右図は x ＝広告、y ＝売上、z ＝猛暑とおいた場合の①〜③の関係
をあらわしています。真の因果関係を確立するためには、事実と反事
実（もしも原因が不在のときの結果、Counterfactual）とを比較する
必要がありますが、「もしも」は観測できません。唯一の解決策は、
比較可能とみなせるグループで反事実を観測する**ランダム化比較試験**
（**RCT**：Randomized Control Trial）と呼ばれる実験です。しかし
AIは自ら実験を行えませんし、ビッグデータは観測データです。

　右図下はRCTが行えないとき、観測データから因果関係を導き出
す4つの手法をあらわしています。これらの手法では、妥当性のある
反事実を創り出すために消費者行動などの理論が重要になります。

30秒でわかる! ポイント

AIの罠

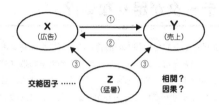

X（広告）　① → ② ← Y（売上）

③　③
交絡因子 …… Z（猛暑）　相関？因果？

 「相関関係」と「因果関係」は別物

① XがYに影響を与えている
② YがXに影響を与えている
③ ZがXとYに影響を与えている

XとYに関連がある場合、3つの可能性が存在します

↓

因果関係を証明するには

 事実 と 反事実 を比較する必要がある

↓

反事実は観測不可能
（反事実は存在しない）

↓

ランダム化比較試験
（RCT）が有効

RCTができないとき観測データでの解決策は

1. 自然実験
2. 回帰不連続デザイン
3. 操作変数法
4. 差の差分析

▶ ビッグデータのパラドックス

05 | ビッグデータなのに データが足りない!?

　STP戦略やCRMでは個々の消費者の異質性を理解することが特に重要です。たとえば、米国・ウォルマートの大量の購買データをアソシエーションルール（17-2参照）で分析したところ、ビールとおむつを併買する確率が高いことがわかりましたが、これは女性にも当てはまるのでしょうか？　高所得の年配男性ではどうでしょうか？

　2つ目のAIの弱点は、学習の際に大量のデータが必要なため、母集団全体のルールは見つけられても、**人によって異なるルールを導くことが不得意**なことです。

　顧客特性にもとづいてビッグデータを同質のセグメントに分割すれば、セグメント別にルールを抽出できそうですが、これには2つの問題があります。まず、特性の数が増えるにつれてセグメントの数が幾何級数的に増えることと、そして同一セグメント内でもまだ顧客によって違いがあることです。さらに近年では、GPSやモバイル機器の発達により、居場所や状況に応じてリアルタイムに顧客にアクセスすることが可能です。よって1人の中でもTPOによって購買行動が変わる**顧客内異質性**を考慮することが重要になりつつあります。

　したがって分析の精緻化のためにデータを細分化していくと、いつのまにかデータが全然、足りないというパラドックスに陥ってしまうのです。このような場合は、**不足している個人の情報を母集団の情報で補うベイズ的なアプローチ**が有効です。いずれにせよ、AIの弱点を克服してビッグデータを使いこなすためには、消費者行動などの理論と新たな手法を柔軟に取り入れる必要があります。

30秒でわかる! ポイント

ビッグデータのパラドックス

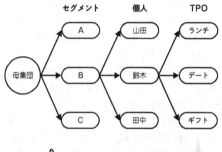

セグメント　　　個人　　　TPO

母集団 → A → 山田 → ランチ
母集団 → B → 鈴木 → デート
母集団 → C → 田中 → ギフト

細分化していくと、データがいくらあっても足りない!

AIの弱点を克服してビッグデータを使いこなすためには、
新たな理論と手法を柔軟に取り入れる必要がある

▶顧客に提供する価値のシンボル

01 ブランドとは顧客への「約束」

ブランドは、英語の「burned（バーンド）」からきた北欧の言葉に由来しており、放牧している牛や醸造したウィスキー・ワインの酒樽に、所有者や製造元を区別するために文字やマークを焼印で押すことによって入れたことが始まりとされています。

現代マーケティングでは、ブランドは企業が製品・サービスを通じて顧客に提供する価値の刻印（**シンボル**）と解釈できます。

ブランドには顧客の心に宿るさまざまな要因が反映され、「ほかの製品とは異なった特別なものである」というイメージを喚起させることができます。**強いブランドは、マーケティング投資の効率が高く、競争に対して強靭なため、企業にとって重要な無形資産となります。**

ブランドを育成・管理するためには、この無形資産の価値（ブランド・エクイティと呼ばれます）を測定し、そのブランド力を継続的に監視する必要があります。

ブランド・エクイティの評価方法は、会計データにもとづいてブランドによる付加価値を金銭的にあらわす**財務ベース**と、顧客・市場データにもとづいた**顧客ベース**の2つに大きく分類できます。

さらに後者は、サーベイデータを使ったブランド認知やイメージなどブランド・エクイティの源泉を測定する間接的アプローチと、選好・購買データを使ったブランド・エクイティの成果を測定する直接的アプローチとに分けられます。

右図のように、ブランドには異なる階層があるため、適切なブランドの評価方法はレベルによって違います。

30秒でわかる！ ポイント

ブランド・エクイティの評価方法と適用範囲

	トヨタ自動車	花王
コーポレート・ブランド	TOYOTA	KAO
事業ブランド	レクサス、トヨタ、ダイハツ、日野	カネボウ、NIVEA
製品ブランド	プリウス、カローラ	ビオレ、アタック、ヘルシア
サブブランド	プリウス PHV、プリウス α	ビオレ u、ビオレ UV、メンズビオレ
要素ブランド	TNGA、GOA、トヨタセーフティセンス	バイオジェル、マシュマロホイップ

ブランドの階層例

ブランド価値の評価手法			適用できるブランド階層		
ベース	アプローチ	データ	コーポレートブランド事業ブランド	製品ブランドサブブランド	要素ブランド
顧客ベース	直接的（成果による評価）	選好・購買・WTP	×	○	△
顧客ベース	間接的（源泉による評価）	ブランド認知・ブランドイメージ	○	○	○
財務ベース（会計による評価）	コスト	原価・市場取引価格	○	×	×
財務ベース（会計による評価）	マーケット	株式時価総額と産業組織指標	○	×	×
財務ベース（会計による評価）	インカム	会計データとアナリストの分析	○	×	×

02 ▶ブランド価値の測定方法（1）
ブランドが顧客の選好・購買に与える影響を調べる

　直接的アプローチでは、ブランド・エクイティが顧客の選好・購買に与える影響を測定することによってブランド力を評価します。その代表的な指標の1つが、ブランド製品と機能・仕様が同等のノンブランド製品の価値との差を金額であらわした、価格プレミアムです。

　これは実際の購買履歴データから推定したり、サーベイ調査によるWTP（Willingness to Pay：支払っていいと考える価格）や、コンジョイント分析によって測定したりします。そのほかの指標としては、購買行動にもとづいたロイヤルティ度、反復購入率、価格交差弾力性、サーベイ調査による愛着、満足度、口コミ経験などがあります。

　一方、ブランド力は消費者の心の中のブランド知識、認知、イメージ、態度を反映したものであるという考え方から、これらの何がブランド・エクイティをもたらしているのか、その多次元的な源泉を測定するのが間接的アプローチです。

　たとえば右図のように、日経BP社が2001年から毎年発表している「ブランド・ジャパン」のB to C指標では、消費者がもつイメージから4つの因子スコアとブランド総合力を算出しています。また、グローバル広告会社であるヤング＆ルビカム社のBrand Asset Valuatorでは、ブランド力の源泉を差別化活力（Energized Differentiation）、適切性（Relevance）、尊重・評価（Esteem）、認知・理解（Knowledge）という4次元の概念で評価しています。アーカー（J. Aaker）はブランドも人と同様に、誠実、洗練などの性格をもつというブランド・パーソナリティ概念を提案し、測定可能な尺度を示しました（右下図）。

30秒でわかる! ポイント

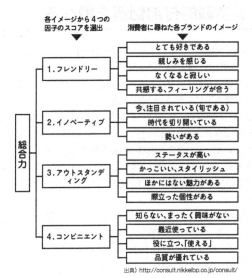

顧客ベースのアプローチ方法

各イメージから4つの
因子のスコアを選出

消費者に尋ねた各ブランドのイメージ

総合力

1. フレンドリー
- とても好きである
- 親しみを感じる
- なくなると寂しい
- 共感する、フィーリングが合う

2. イノベーティブ
- 今、注目されている（旬である）
- 時代を切り開いている
- 勢いがある

3. アウトスタンディング
- ステータスが高い
- かっこいい、スタイリッシュ
- ほかにはない魅力がある
- 際立った個性がある

4. コンビニエント
- 知らない、まったく興味がない
- 最近使っている
- 役に立つ、「使える」
- 品質が優れている

出典）http://consult.nikkeibp.co.jp/consult/

アーカーの分類によるブランド・パーソナリティ指標

因子	主な要素	例
誠実	堅実、正直、健全、励まし	キャンベル、ホールマーク、コダック
刺激	憧れ、勇気、想像力、新新性	ポルシェ、ベネトン、アブソルート
能力	信頼、知性、成功	アメックス、CNN、IBM
洗練	上流階級、魅力	レクサス、メルセデス、レブロン
素朴	アウトドア、頑強さ	リーバイス、マールボロ、ナイキ

▶ブランド価値の測定方法（2）

03 ブランドが企業にもたらす金銭的付加価値を調べる

　財務ベースはブランドが企業、事業・部門レベルにもたらす付加価値を金銭的に評価する場合に有益です。3つのアプローチがあります。

　1番目は**コスト・アプローチ**と呼ばれ、現在までブランド育成に費やした累積支出にもとづく歴史的原価法や、類似ブランドをM＆Aなどで調達した場合の市場価格である再調達原価法などが含まれます。

　直感的でシンプルな半面、マーケティング投資（支出）のみに焦点を当てていて、その効率や実際の収益を無視している、時価額の参考基準となるM＆Aなどの例が少ない、などの弱点があります。

　2番目は**マーケット・アプローチ**と呼ばれ、企業の将来キャッシュフローを反映する金融市場価値（株式時価総額）にもとづいて、その一部であるブランド資産を企業のマーケティング要因から算出します（右上図）。データの入手が容易なため、ブランド資産を時系列で分析できる半面、株式市場、投資家の判断と市場状況のみを考慮しており、消費者からの判断がまったく入っていないという弱点があります。

　3番目は**インカム・アプローチ**と呼ばれ、ブランドがもたらす将来利益の割引現在価値を算出するものです。これには企業が生み出す利益の将来予測と割引率（期待収益率）の2つのデータが必要です。

　右中図は世界で最初にブランド価値を会計資産に計上したインターブランド社の手法です。財務分析とブランドの役割分析から、ブランドが生み出す将来の利益予測を算出します。ブランド強度分析では、ブランド力を10の要因で得点化したブランドスコアから**将来利益の不確実性をあらわす割引率を推定**します。

30秒でわかる! ポイント

財務ベースのアプローチ方法

マーケット・アプローチ

資産タイプ	要因	サブ要因	具体例
有形資産	—		企業の物質的インプットの合計
無形資産	ブランド要因	価格プレミア要因	過去の広告、ブランド年数など
		マーケティング・コスト効率要因	市場参入順位、広告費シェアなど
	ノンブランド要因	—	R&D、特許など
	産業界要因	—	独占状況、参入障壁など

インカム・アプローチ (インターブランド社の手法)

1. 財務分析

企業が生み出す利益の将来予測

2. ブランドの役割分析

利益のうち、ブランドの貢献分を抽出

税引前利益から、資本コストと OEM 供給などによって
ノンブランド製品から獲得された利益を除外したもの

3. ブランド強度分析

ブランドによる利益の将来の不確実性を評価

割引率＝f (ブランドスコア)

ブランドスコアの 10 要因

内的要因

1. Clarity (概念明瞭度)
2. Commitment (関与浸透度)
3. Governance (統治管理度)
4. Responsiveness (変化対応度)

外的要因

1. Authenticity (信頼確実度)
2. Relevance (要求充足度)
3. Differentiation (差別特有度)
4. Consistency (体験一貫性)
5. Presence (存在影響度)
6. Engagement (共感共創度)

04 ▶ ブランドに関する戦略とマネジメント
どのようにブランドを扱っていくのか

　ブランド戦略には5つのタイプがあります（右図）。**ライン拡張**は、同一の製品カテゴリー内のバリエーション（フレーバー、形状、素材など）に対して同じブランド名を使うことです。ジャパネットタカタ・モデルのように特定の流通業者向けのライン拡張は**ブランデッド・バリアント**と呼ばれています。これは同一製品の小売レベルでの競争を避けるために流通業者の要求から生まれたものです。これに対し、既存のブランド名を新しい製品カテゴリーに使うことが**ブランド拡張**で、ヤマハ（楽器、バイク、スポーツ用品など）が該当します。

　ライン拡張とブランド拡張には、コストの面で規模の経済を享受できる、新ブランドより成功の確率が高いなどのメリットがある半面、**ブランド・アイデンティティの希薄化を招く恐れ**があります。ブランドはターゲットを絞るほど強くなるため、これらの拡張は既存のブランド・イメージとの整合性を考慮して精選的に行われるべきです。

　既存カテゴリーに新ブランドを導入するのが**マルチブランド**です。化粧品や日用品において、多くの企業は同一カテゴリーに複数のブランドを保有しています。近年、これらのブランドを集合体と見なして管理する**ブランド・ポートフォリオの必要性**が高まっています。

　新ブランドを既存・新カテゴリーに導入するメリットは、既存のイメージにとらわれない、失敗してもダメージが限定的、などがあげられますが、費用もかかります。5番目の戦略は、複数のブランド名を使う**コ・ブランディング**です。複数ブランドは、同一企業が保有する場合、同業他社が保有する場合、異業種が保有する場合があります。

30秒でわかる！ ポイント

ブランド戦略

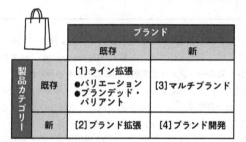

		ブランド	
		既存	新
製品カテゴリー	既存	[1]ライン拡張 ●バリエーション ●ブランデッド・バリアント	[3]マルチブランド
	新	[2]ブランド拡張	[4]ブランド開発

[5] コ・ブランディング

同一企業 (コーポレート・ブランド ＋ 製品ブランド ＋ 要素ブランド)
例　マツダ＋デミオ＋スカイアクティブ

同業他社 (コラボ)
例　インテル入ってる、ユニクロ ＋ ゴアテックス、 ハーゲンダッツ ＋ GODIVA

異業種 (コラボ)
例　レクサス ＋ JBL、コーチ ＋ ディズニー

▶ ブランド・ポートフォリオ

05 企業が保有する複数のブランド

今日のブランド戦略では、企業間のブランド競争（Competition）のみならず、企業内のブランド協調（Coordination）、つまり**自社内ブランドのポートフォリオを統合的に管理する**必要性が高まっています。複数のブランドにまたがった事業戦略を考える場合、企業の保有する資源や競争優位などの経営的な観点が重要なのはもちろんですが、まずは顧客がこれら複数のブランドを集合体としてどのように評価しているかというマーケティング的な視野をもつことが重要です。

ポートフォリオの構成ブランドはブランド戦略からどのような恩恵を受ける構造になっているのか、どのポートフォリオ・ブランド間で**マーケティング活動のシナジー効果**があるのか、コーポレートブランドはどのプロダクトブランドからどのような**イメージの影響**を受けているのか。これらを、保有する自社ブランド間の影響を顧客の知覚にもとづいて分析し、ポートフォリオ構造を把握することは、広告、プロモーションなどのマーケティング活動の意思決定や効率化、そしてブランド戦略や経営戦略にとって不可欠です。

桝山純と筆者は、顧客の「ブランド知識」の2要素である「**認識**」と「**イメージ**」という視点からポートフォリオの構造を分析しています。まずポートフォリオ内のブランド想起データからブランド間の影響の強さと方向性を「**受信力**（Vulnerability）」と「**発信力**（Clout）」で評価。次にブランドイメージデータから各ブランドがポートフォリオ内でどれほど類似したイメージをもたれているのか、それらがコーポレート・ブランドに及ぼす**イメージ移転の効果**を考察しています。

30秒でわかる！ポイント

顧客ベースのブランド・ポートフォリオ分析

> ブランド間の
> 影響の強さと
> 方向性
> SONY の例

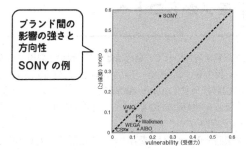

レーダーチャート

● ブランドごとに5つのイメージを得点化
1 Amusement　2 Quality & Reliability　3 Stylish　4 Innovative　5 Cute, Warm

● 各プロダクト・ブランドがコーポレート・ブランドに及ぼすイメージ別の移転効果
⇨ Amusement　⇨ Quality&Reliability　⇨ Stylish　⇨ Innovative　⇨ Cute, Warm

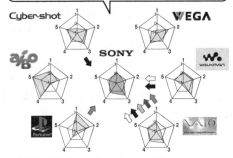

出典）桝山純・阿部誠「顧客ベースのブランド・ポートフォリオ分析」
『季刊マーケティングジャーナル』日本マーケティング協会 109(2008年6月)

▶ 経験価値マーケティング

06 | モノからコトへ

　経済が成熟するにつれて、企業は価格だけが競争要因であるコモディティを脱するべく、機能・便益を差別化した製品を送り出しました。やがて模倣・同質化からその限界が近づくとブランドへと進化し、提供する価値も中核機能的なものから、付随機能的、さらには感覚的なものへと変化していきました。

　ここで製品・サービスは消費者のニーズを満たすための手段と考えると、それを使用した「経験」から生まれる顧客の価値を理解することも重要です。購入・消費・所有を通して心の中で生まれた価値は記憶に残りやすいため、「経験」を強く訴求することによってブランドは持続的な独自のイメージを創り出すことができます。

　シュミット（B. Schmitt）は、経験価値の領域として、感覚的（Sense）、精神的（Feel）、知的（Think）、身体的（Act）、関係的（Relate）の５つをあげています。これらは企業が直接、提供できるものではなく、個人的な経験・体験を通じて誘発されるがゆえに心に残りやすいと主張しています。ただし、企業は経験価値を誘発させるための刺激を提供することができます。シュミットの経験価値マーケティングでは、企業が管理可能な７カテゴリーの刺激に対して、５つの価値領域をクロスした戦略的プランニングの施策を提唱しています。最近では、経験価値を発展させて、企業の「しかけ」に対して顧客が自発的に創出する文脈価値という概念も提案されています。たとえばヤマハの提供する価値は、著名アーティストのモデル（感覚的）、音楽教室（経験的）、バンドコンテスト（文脈的）に代表されます。

30秒でわかる! ポイント

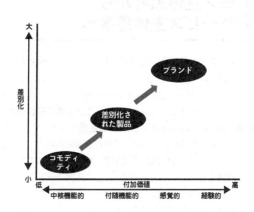

経験価値マーケティング

縦軸（大←→小）：差別化
横軸（低←→高）：付加価値

中核機能的　付随機能的　感覚的　経験的

コモディティ → 差別化された製品 → ブランド

戦略的プランニング

		経験価値刺激						
		コミュニケーション	アイデンティティ	製品・プレゼンス	コ・ブランディング	空間環境	ウェブサイト	人間
経験価値領域	感覚的 (Sense)	五感の刺激を通して生まれる						
	精神的 (Feel)	内面の感情を刺激することで生まれる						
	知的 (Think)	認知的な思考を刺激することで生まれる						
	身体的 (Act)	身体の経験から生まれる						
	関係的 (Relate)	ほかの人や文化との関係から生まれる						

▶ サービス財の特徴
01 モノ主体思考から
サービス主体思考へ

　マーケティングの最終的な目的は消費者のニーズを満たすことにより満足度を高めることです。製品はその手段であるため、現在、多くのブランドの方向性は、物財から有形財と無形財とを組み合わせて行う取引プロセスへと進化しており、これは**モノ主体思考からサービス主体思考**（service dominant logic）**への変換**を示唆しています。

　サービスの大きな特徴は、その品質評価を顧客が判断することがむずかしいことです。右上図では、探索特性（購入前に評価できる特性）、経験特性（使用時に評価できる特性）、信用特性（使用後も評価がむずかしい特性）と右にいくほど評価がむずかしくなる軸において、製品に対するサービスの要因が強くなっています。

　サービス財には、4つの特性があります（右下表）。

1. 無形性（Intangibility）
物理的に存在しないため、直接、見たりさわったりできません。

2. 同時性（Simultaneity）
サービス提供者と顧客とのインタラクションによって「財」が共創され、生産と消費が同時に起きます。「非分離性」とも呼ばれます。

3. 異質性（Heterogeneity）
提供者（従業員）（能力、コミットメント）と顧客（協力度、能力）が相互作用する結果、品質を一定に保ちにくい傾向があります。

4. 消滅性（Perishability）
無形財は在庫できないため、需要の変動に対応できないと、サービスの販売から得られるはずの収入機会を失ってしまいます。

30秒でわかる！ ポイント

サービス財とは

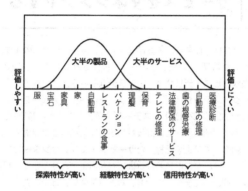

特性	解釈	対策・対応
無形性	物理的に存在しないため、直接、見たりさわったりできない	有形化・可視化（ブランド、ロゴ） 情報・事例の提供 品質保証 お試し
同時性 「非分離性」とも呼ばれます	提供者と顧客とのインタラクションによって「財」が共創され、生産と消費が同時に起きる	顧客理解（顧客能力の把握） 顧客の協力を仰ぐ 顧客教育
異質性	提供者（能力、コミットメント）と顧客（協力度、能力）が相互作用する結果、品質にバラつきが起きる	品質保証 顧客教育 サービスの標準化・工業化 従業員トレーニング・報酬
消滅性	無形財は在庫できないため、需要の変動に対応できないと、サービスの販売から得られるはずの収入機会を失ってしまう	事前予約制 ピークシフト イールド・マネジメント

サービス財の特性

▶ サービス・デリバリー・システム

02 | サービスをマネジメントする

　サービスは、従業員、設備環境、顧客、提供プロセスの4要素が相互作用した結果、「経験」という形で提供されるため、その管理には右図の**サービス・デリバリー・システム**という概念が有効です。

　バック・ステージは顧客に見えない技術的なコア部分をつくり出す「裏舞台」です。**フロント・ステージ**は顧客から見える部分で、設備・環境（ハード的側面）と、直接対応する従業員の2つで構成されています。顧客との接点を総称した**サービス・エンカウンター**は、評価がむずかしいサービス財における価値判断の手がかりとして、満足度に大きな影響を与えます。中でも、対人（従業員、ほかの顧客）による相互作用からは異質性が生じやすく、管理がむずかしいパートです。

　提供プロセスを分析し効率化をはかるためには、サービスをイベントの連鎖と解釈し、**スクリプト**（脚本）と**ブループリント**（青写真）というツールを用いることが有効です。前者は顧客の視点から、各イベントとの遭遇を時間軸で描写したものです。後者は提供側の視点から、各イベントの発生をバック・ステージ、フロント・ステージ、そしてサービス・エンカウンターの共同作業として図式化したものです。これは要素間の相互作用を理解し、顧客の満足度が高くなる一貫性のあるサービス・デリバリー・システムの診断に役立ちます。

　そのほかのマネジメント手法としては、通常の4PにParticipants（従業員・顧客）、Physical evidence（設備・空間）、Process（提供プロセス）を加えた**7Pアプローチ**や、サービスを演劇鑑賞の「経験」アナロジーで説明する**劇場アプローチ**があります。

30秒でわかる! ポイント

サービス・デリバリー・システム

サービス・デリバリー・システム →

← サービス・エンカウンター →

バック・ステージ	フロント・ステージ
技術的なコア部分	施設・設備物理的部分
	顧客と接する従業員

顧客

相互に影響

他の顧客

▶ サービスのマーケティング戦略
03 | サービスで勝つにはどうすれば いいのか？

サービス提供者は、次の３つの戦略を定める必要があります。

1. 差別化

内容では基本的（例：ＬＣＣ）サービスと付随的サービスとのバランスを決めます。提供方法に関しては、従業員（セルフからフルサービスの度合い）、物理的環境（豪華さの度合い）、プロセス（標準化の度合い）などを決めます。また、サービスは模倣が容易なため、ブランド化（例：亀田クリニック）などのイメージ対策も重要です。

2. 品質の管理

サービス品質の測定には、客観的な測定項目（対応時間、待ち時間）のほか、顧客アンケート、購買比較、提案・苦情カード、コールセンター、監査チームやミステリー・ショッパーなどがあります。質の高いサービスの提供には、従業員満足を促進する**インターナル（社内）マーケティング**という概念が重要であり、従業員の動機づけ（金銭的、非金銭的インセンティブなど）、スキルの向上（トレーニング）、働きやすい環境の提供（例：育児）などが含まれます。また従業員にある程度の権限を委譲することで、敏速かつ適切な顧客対応、士気の向上、優れたアイデアの提案という正のサイクルにもつながります。

3. 生産性

コストを抑えながら生産性を高めることも重要です。右上図は自動車ディーラーのサービス部門の属性に対して、顧客が重要性とパフォーマンスを評価したものです。右下図のプロットは、限られた資源をＤの領域からＡの領域に再配分する有効性を示しています。

30秒でわかる! ポイント

コトラーのサービス・マーケティング戦略

 顧客の不満調査によると、顧客の25%が
買ったものに不満を感じている

顧客による重要度とパフォーマンス達成度（自動車のディーラー）

	属性内容	重要度	パフォーマンス達成度
1	一度で完全なサービスを行う	3.83	2.63
2	苦情への迅速な対応	3.63	2.73
3	迅速な保証	3.60	3.15
4	必要なことなら何でもしてくれる	3.56	3.00
5	必要なときにすぐサービスをしてくれる	3.41	3.05
6	丁寧で親しみのあるサービス態度	3.41	3.29
7	約束の時間に車の用意ができている	3.38	3.03
8	必要な業務だけを行う	3.37	3.11
9	安いサービス料金	3.29	2.00
10	サービス業務のあとの片づけ	3.27	3.02
11	家からの利便性がよい	2.52	2.25
12	職場からの利便性がよい	2.43	2.49
13	送迎サービス車	2.37	2.35
14	メンテナンス通知の発送	2.05	3.33

▼

4段階評価：非常に重要「4」、重要「3」、
あまり重要ではない「2」、まったく重要ではない「1」

4段階評価：非常によい「4」、よい「3」、普通「2」、
悪い「1」、どちらともいえない、という選択肢も追加

限られた資源をD
の領域からAの領域
に再配分する有
効性がわかる

出典）Kotler（2000）

▶ サービスの評価

04 いいサービスとは何なのか

　品質評価のむずかしいサービスでは、購入のリスクを減らすため消費者行動にも、①情報源として広告より口コミに頼る、②評価に価格、従業員、物質的な手がかりを重視する、③満足を与えてくれるサービス提供者に強いロイヤルティをもつなどの特徴があらわれます。

　したがってサービスでは製品以上に顧客満足を向上することが重要になります。

　品質には、提供者が規定する客観的な指標（欠陥率や待ち時間）と顧客の主観にもとづく指標があります。製品と比べてサービスでは、同時性、異質性から主観的指標である「**知覚品質**」をより重視する必要があります。右図はＳＥＲＶＱＵＡＬと呼ばれる、サーベイ調査によるサービス品質の代表的な測定尺度で、22の質問項目から５つの概念「**信頼性**」「**反応性**」「**確実性**」「**共感性**」「**有形性**」を抽出しています。これら概念の重要度は業種によっても異なるため、業界をまたいだ比較をする場合には、直接、顧客満足度を測定します。4-5で紹介したように、顧客満足は購買後の知覚パフォーマンスと購買前の期待との差で規定されます。「日本版顧客満足度調査」では、主にサービス業を対象に満足度の業界間比較が可能です。

　最後に、サービスでは人の介入する要因が多いため、製品以上に「失敗」がつきものです。その速やかな解決は顧客の離反を防ぐだけでなく、ロイヤルティを向上させるため、さまざまな失敗シナリオに備えることが重要です。「サービス保証」は有効な対策ですが、購入前の期待を高めすぎると逆に満足度が下がることに注意が必要です。

30秒でわかる！ ポイント

SERVQUAL尺度と測定項目

信頼性	A社は約束の期日を必ず守る
	A社は問題を抱えた顧客に対し、親身になって解決の手助けをする
	A社ははじめから誤ることなくサービスを遂行できる
	A社は約束の時間通りにサービスを提供する
	A社は顧客からの要望や起こった出来事などを正確に記録している
反応性	従業員は顧客に対しサービスの提供時期を正確に提示できる
	従業員は顧客に対し適時にサービスを提供できる
	従業員は顧客に対しいつでも進んで手助けを行う
	従業員は忙しさを理由に顧客の要望に応じないことはない
確実性	従業員の行動は顧客に信頼感を与える
	従業員とのやり取りに安心できる
	従業員は礼儀正しく顧客に接する
	従業員は顧客の質問に答えられる十分な知識をもつ
共感性	A社は各顧客に応じた注意を払っている
	A社は顧客個人に対して注意を払っている
	従業員は各顧客のニーズを理解している
	従業員は顧客が最も興味を抱いていることを理解している
	A社は全顧客にとって利便性のある営業時間で運営されている
有形性	A社は最新設備を整えている
	A社の施設は外見上も魅力に富んでいる
	従業員の身なりや態度は洗練されている
	A社のサービスやパンフレットなどの関連資料は工夫され、見栄えもいい

▶イールド・マネジメント
05 この瞬間に買わないと
値段が変わる？

　サービス財の消滅性から、需要の変動に対応できないと２つの大きな問題が生じます。**需要過多の場合**、サービスの提供を断ることによって販売から得られるはずの機会収入を失ったり、無理して顧客を受け入れることで提供品質が落ちて、顧客満足度を下げたりします。**需要過少の場合**は、従業員や設備が十分に活用されないため、コストがかかります。右上の表はこの問題に対して、需要と供給の両側面でどのような対応が可能かをまとめたものです。

　価格の調整による需要管理の中でも、1970年代に米国航空業界の規制緩和による競争の激化から生まれた手法が**イールド・マネジメント**です。右下図はその基本的な考え方をあらわしたものです。

　まず、購入してよいと考える価格の上限（留保価格）が高い順に顧客を並べたものが、経済学で需要曲線と呼ばれるものです。ここに単一価格を設定した場合、売上はAであらわされます。問題は、B（単一価格より高くても得られる収益）とC（単一価格より低い場合に得られる収益）です。

　イールド・マネジメントでは顧客の料金支払い意欲に応じて価格を上手に管理することで、BとCの部分も含めて収益の最大化をはかります。つまり、ビジネスクラスの客のように会社が正規料金を払ってくれる顧客のための販売数量を確保したうえで、残りを売れる価格に順次下げていくことですべての座席を売り払うのです。ただし、顧客が安いチケットにスイッチしないように、サービス内容や払い戻し・日程変更条件などでチケットを差別化する工夫が必要になります。

30秒でわかる！ ポイント

需給の管理とイールド・マネジメント

需給の管理

管理	対策・対応	例
需要サイド	価格を下げる	早割、平日割引
	オフピーク需要の活性化	居酒屋のランチ
	補完的なサービスの提供	レストラン併設のバー、銀行のATM
	予約制の導入	病院、エステ、ヘアサロン
供給サイド	パートタイムの従業員	大学の非常勤講師
	ピーク時専用の手順	ピーク時は顧客対応、オフピーク時は棚卸
	顧客の参加を促進	セルフ、ビュッフェ、自動チェックイン
	供給設備の共有	医療設備の共有
	将来的な拡張をねらった設備投資	遊園地は将来開発用に周辺地域の土地を購入

イールド・マネジメント

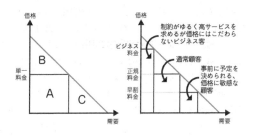

01 ▶ 超顧客主義
「お客様は神様です」 を超える

本書は、経営において「顧客」がいかに重要であるか、から始まりました。しかしアンケートで顧客にニーズを聞き、それを適切な形で提供するだけでは21世紀の競争に残れません。顧客以上に顧客のニーズ、ウォンツ、事情を理解し、顧客の想像を超えた提案や付加価値を商品やサービスを通して提供することによって初めて、顧客に共感と感動を呼び起こし、信頼関係を構築することができるのです。今、企業には顧客を超えた理解力と提案力「**超顧客主義**」が求められています。ではこれをどのように実践すればよいのでしょうか?

1つ目は**顧客の深層を理解する**ことです。インターネット上のアンケート調査には、ポイント欲しさに参加する回答者の非関与性や標本バイアスなどの問題も少なくありません。単に自己申告によるアンケート調査に頼るのみならず、ラダリングなど新たな心理的調査手法を積極的に取り入れ、心脳マーケティングや経験価値マーケティングなどの心理的なフレームワークを参考にすることがあげられます。

2つ目は、**社外のリソースを積極的に活用する**ことで、不足している資源、スキル、資質を補うことです。これらはアウトソーシング、イノベーターやオピニオンリーダー顧客との共創開発、オープンソースによる共同開発、プラットフォーム構築などに代表されます。

3つ目は、**技術イノベーション**を介して、今まで存在しなかったような商品・サービスを、想像できなかった手段・方法で提供することです。特にネット時代においては、メルカリや Airbnb のように顧客間相互作用をいかに味方につけるかが重要になります。

30秒でわかる！ ポイント

超顧客主義

- ●顧客以上に顧客のニーズ、ウォンツ、事情を理解する
- ●顧客の想像を超えた提案や付加価値を商品やサービスを通して提供する

↓

顧客に共感と感動を呼び
起こし信頼関係を構築

↑

そのためには……
1. 新たな心理的調査手法や心理的なフレームワークを取り入れる
2. 社外のリソースを活用する（オープンソースなど）
3. 技術イノベーションを介して、新たな商品・サービスを新たな手段・方法で提供する

PICK UP

活気ある企業に共通する経営の極意！顧客を超えて自分自身が一番の顧客になり、顧客を驚かせ感動を与え続ける「超顧客主義」を実践する日本のパワーブランド経営者たちに学ぶ、普通の人が非凡になる成果を生み出す新しい日本発の経営モデル

参考文献）「超顧客主義」片平秀昭・古川一郎・阿部誠著（東洋経済新報社）、「心脳マーケティング」ジェラルド・ザルトマン著（ダイヤモンド社）、「経験価値マーケティング」、バーンド・シュミッツ著（ダイヤモンド社）

▶ グプタとレーマンのフレームワーク

02 | 顧客資産と企業価値

　残りの節では、マーケティング・サイエンスの研究者による顧客価値の3つのフレームワークを紹介します。共通した特徴は、単なる概念で終わっているのではなく、計測可能、かつ実践可能な点です。

　グプタらは、企業価値の指標である株式時価総額が、事業収益の源泉である「顧客」の価値「カスタマー・エクイティ」(15章)で近似できることを実例を用いて説明し、①キャッシュフローがマイナスやゼロに近いため財務手法による分析が困難な初期段階にあるネット企業の評価に有効であること、②M&Aの際に企業の追加・代替的な評価指標になりえることを提唱しました。「顧客」(既存+潜在)から生涯にわたって得られるであろう利益を正味現在価値であらわした「**カスタマー・エクイティ**」の算出には、**顧客数の将来予測、顧客1人当たりの利益と獲得コスト、顧客維持率が必要**です。著者らは、アナリストが見積もった維持率以外は、一般に入手可能な公的データのみ(企業の年次報告書など)から導き出せることを示しました。

　そしてマーケティング上の示唆として、①顧客価値に対する弾力性は顧客維持率が約5(3〜7)、1人当たり利益が約1、獲得コストが約-0.1(-0.02〜-0.3)になること、②維持率を1%改善すると顧客価値が5%向上するのに対して、割引率(資本コスト)が1%低下しても顧客価値は0.9%しか向上しないことから、**維持率の影響が大きいことを指摘**しました。ただし実務においてどのドライバーを動かすかは、維持率、利益、割引率を向上するためのコストも考慮に入れる必要があります。

30秒でわかる！ ポイント

グプタとレーマンのフレームワーク

〔実例〕
①財務手法による分析が困難な初期段階にあるネット企業の評価に有効
②M＆Aの際に企業の追加・代替的な評価指標になりえる

近似できる

株式時価総額 ⟷ カスタマー・エクイティ

●顧客数の将来予想
●顧客1人当たりの利益と獲得コスト
●顧客維持率
などから算出

PICK UP

顧客投資マネジメント

参考文献)「顧客投資マネジメント」グプタ＆レーマン著(英治出版)
S. Gupta, D. Lehmann, and J. Stuart (2004), "Valuing Customers," Journal of Marketing Research, 41(2), 7-18.

▶ラストらのフレームワーク

03 | 顧客資産を動かす
3つのドライバー

ラストらは、まず販売・取引志向の問題点である「デス・スパイラル」を提示しています。利益向上を目指すべく、販売数量が少なく利益が低い商品を店舗から除外すると、ほかの商品も同時購買していた顧客を失うことになります。そこで、さらなる利益低下を防ぐために、追加で不人気商品の削除を行いますが、これがいっそうの客離れを引き起こすという悪循環が「**デス・スパイラル**」です。

このフレームワークでは、顧客との継続的な関係により構築される「カスタマー・エクイティ（顧客資産）」に対して、企業はバリュー・エクイティ、ブランド・エクイティ、リテンション・エクイティという3つのドライバーを通じて影響を与えることが説明されています。

バリュー・エクイティは商品・サービスに対する顧客の客観的な価値評価、**ブランド・エクイティ**は顧客の主観的な価値評価、**リテンション・エクイティ**は顧客と企業との関係の強さです。

さらにこれら3つのドライバーは、企業の具体的なアクションであるサブドライバーから影響を受けます（右図）。各サブドライバーの影響力は、サーベイ調査により顧客別に推定します。そしてラストらは、ブランド・スイッチの遷移確率は各サブドライバーの値に影響されると仮定し、顧客がブランド・スイッチを繰り返すプロセスにもとづいて生涯価値を算出しました。

つまりカスタマー・エクイティを企業の具体的なマーケティング・アクションと関連づけることによって、ラストらは**顧客資産を向上させるための実務的示唆を提供**したのです。

30秒でわかる！ ポイント

ラストらのフレームワーク

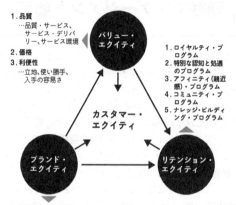

1. 品質
　…品質・サービス、サービス・デリバリー、サービス環境

2. 価格

3. 利便性
　…立地、使い勝手、入手の容易さ

バリュー・エクイティ

1. ロイヤルティ・プログラム
2. 特別な認知と処遇のプログラム
3. アフィニティ（親近感）・プログラム
4. コミュニティ・プログラム
5. ナレッジ・ビルディング・プログラム

カスタマー・エクイティ

ブランド・エクイティ

リテンション・エクイティ

1. 顧客のブランド認知
　…統合型マーケティング・コミュニケーション・ミックス、メディアの選択、メッセージ

2. ブランドに対する顧客の反応
　…コミュニケーション・メッセージ、特別なイベント、ブランド拡張、ブランド・パートナー、有名人のお墨つき

3. 倫理に対する顧客の認識
　…地域社会のイベントへの支援とその実績、顧客情報の利用についてプライバシーを守るポリシーの堅持、環境汚染に関与しない、倫理にもとることのない雇用や労働慣行、製品・サービスについての強力な保証

出典）ラスト、ザイタムル、レモン 「カスタマー・エクイティのフレームワーク」ダイヤモンド・ハーバードビジネスレビュー、2001、October、68-85.

参考文献)「カスタマー・エクイティ」ラスト、ザイタムル、レモン著（ダイヤモンド社）
R. Rust, K. Lemon, V. Zeithaml (2004), "Return on Marketing: Using Customer Equity to Focus Marketing Strategy," Journal of Marketing, 68(1), 109-127.

PICK UP
カスタマー・エクイティ

▶ クマーのフレームワーク

04 顧客エンゲージメント価値

　企業は顧客との絆・結びつき（エンゲージメント）を構築することにより、直接売買取引以外にもさまざまな非売買的取引を通じて顧客から価値を享受できます。これらの価値として、クマーらは、① **顧客生涯価値（CLV）**：顧客の購買行動から得られる生涯価値、② **顧客紹介価値（CRV）**：顧客がインセンティブつき紹介制度によって新規顧客の獲得に貢献する価値、③ **顧客影響価値（CIV）**：顧客が口コミによってほかの潜在顧客や既存顧客の購買拡大に貢献する価値、④ **顧客知識価値（CKV）**：知識やフィードバックによって製品・サービスの開発や改善に貢献する価値の4つを含めており、これらの合計を**顧客エンゲージメント価値（CEV）**と呼んでいます。

　今までのカスタマー・エクイティの議論（たとえばグプタやラスト）は主に売買取引に焦点を当てていました。しかし顧客と企業、顧客と顧客、顧客と潜在顧客との間の積極的なインタラクションをインターネットやSNSの発達が可能にした結果、非売買取引による顧客価値（CRV、CIV、CKV）は大きく増加するとともに、その測定や評価も可能な状況になりつつあります。

　企業がCEVをマーケティング戦略で有効に生かすためには、まずは、顧客別に4つの価値を測定、評価できるデータを収集する仕組みを構築しなければなりません。次に、これらの価値に影響を与える企業が操作可能なドライバーとその効果を評価する必要があります。そして、どのドライバーにどの程度の資源を配分すれば、CEVのリターンが最大化されるのかを顧客別に判断して実践に移します。

30秒でわかる！ ポイント

クマーのフレームワーク

顧客生涯価値
CLV：Customer Lifetime Value

顧客の購買行動から得られる生涯価値

顧客紹介価値
CRV：Customer Referral Value

顧客がインセンティブつき紹介制度によって新規顧客の獲得に貢献する価値

顧客影響価値
CIV：Customer Influence Value

顧客が口コミによってほかの潜在顧客や既存顧客の購買拡大に貢献する価値

顧客知識価値
CKV：Customer Knowledge Value

知識やフィードバックによって製品・サービスの開発や改善に貢献する価値

顧客エンゲージメント価値
CEV：Customer Engagement Value

顧客から得られる総価値

PICK UP

PROFITABLE
CUSTOMER
ENGAGEMENT

V. KUMAR

参考文献）V. Kumar 『Profitable Customer Engagement』 SAGE Publications.
V. Kumar, et. al (2010), "Undervalued or Overvalued Customers: Capturing Total Customer Engagement Value," Journal of Service Research, 13(3), 297-310.

あとがき

興味深いことに、トップビジネススクールの多くの教員は、博士号修得後すぐに教職につくため、企業での職務経験がありません。実際、私の恩師であるマサチューセッツ工科大学のリトル教授は「研究者（＝教員）は純粋培養、温室栽培のほうがいい」と言っていました。理論上の仮定が現場で完全に成立することはまれなので、それらの要因を1つひとつ細かく心配していると、科学的思考がさまたげられる、という意味です。さらに実務を知りすぎると、成功の因果関係を客観的（科学的）根拠ではなく、経験や相関にもとづいて判断してしまう危険性もあげられます（17-4参照）。「経営の神様」と呼ばれるような優れた業績を残した経営者が、環境の変化に対処できず、自身の成功体験に固執した時代錯誤的な意思決定に転じてしまう例は多々、見られます。

「はじめに」でも書きましたが、実務のマーケティングにはサイエンスとアートの両方の側面が必要です。日々の忙しい業務に追われていると、どうしても論理的かつ系統的な考え方をもつ余裕がない場合があります。そのような方々にとって、本書がサイエンス的な思考の習得に役立てば幸いです。一方、アートの側面を習得するためには、実際のビジネスを経験しながら個人で身につけていく必要があります。本書を読んで内容が頭に入っていても、それを現場特有のマーケティング環境に適用できるように修正、改善、拡張するには、実際に手を泥に染めて成功や失敗の体験を積むしかありません。その際、理論と論理的思考を意識することで、トライアル・アンド・エラーの効率は格段に高まるはずです。

英語のマーケティングの入門テキストが、あれほど分厚い理由がわ

かりますか？（入門テキストの定番『コトラーのマーケティング・マネジメント　ミレニアム版』は900ページ以上）。欧米のビジネススクールでは、レクチャー以外に、豊富な事例にもとづいたケース分析・プレゼン・ディスカッションで学生を攻めまくり、卒業後、新たに入社する会社で即戦力となれるよう鍛え上げます。そのために必要な事例がたくさん掲載されているので、あれほどの分厚さになるのです。また、ＭＢＡのマーケティング講座では、細分化された専門的な科目が提供されています。多くのビジネススクールでは、「消費者行動」「マーケティングリサーチ」「製品管理」「プライシング」「広告・コミュニケーション」「セールスプロモーション」「流通論」「Ｅコマース」「ブランドマネジメント」「サービスマーケティング」「国際マーケティング」「Ｂ２Ｂマーケティング」などが教えられています。これらの科目は本書の各章にも対応していますので、本書がさらなる専門領域への興味・関心を喚起するきっかけとなればうれしいです。

　サイエンス部分を担う本書を念頭に置きつつ、読者のみなさまが日々業務の中で実践しているアート部分をさらに磨いていただければ、よりよいマーケターになれるでしょう。

2017年9月

阿部　誠

文庫化に際して

「日本のモノづくりは素晴らしいけれど、マーケティングは下手だ」。
これは、元日産社長のカルロス・ゴーン氏が東京大学経済学部で講演
した時の言葉です。

矢沢永吉がハンズフリーで運転しているシーンを思い浮かべてくだ
さい。自動運転がどのような価値やメリットをもたらすのかが伝わら
なければ、買い手は商品に魅力を感じないでしょう。あのCMは、
せいぜい最新の自動運転の車を買ったと自慢したい、ごく一部の人に
アピールするか、日産ブランドのイメージ向上にしかなりません。

それと比べてAppleのCMはどうでしょう。ハードや技術の話を
全く持ち出さずに、ユーザーはiPhoneやiPadでどんなエキサイティ
ングな体験ができるのかを語りかけてきます。

「技術の日産」、「技術の日立」など、よく謳われるフレーズですが、
それが顧客にどう役立つのか、なぜ必要なのか、その価値を伝えるコ
ミュニケーションこそがマーケティングなのです。

技術があっても顧客がいなければビジネスは成り立ちません。すべ
てのビジネスマンが最低限のマーケティングを知ることで、日本は飛
躍的に発展できると信じています。そのきっかけとなって欲しいのが
本書です。これを出発点として、読者一人ひとりが有用・重要と思う
概念は、さらに深掘りをしてください。

日々の業務に忙殺されているビジネスマンにとって、この本が少し
でも役に立てば、これほどうれしいことはありません。

2020年5月
阿部　誠

本書は、二〇一七年九月に小社より刊行された単行本を加筆修正のうえ、文庫化したものです。

大学4年間のマーケティングが10時間でざっと学べる

阿部 誠

令和2年 5月25日 初版発行
令和6年 5月10日 4版発行

発行者●山下直久

発行●株式会社KADOKAWA
〒102-8177 東京都千代田区富士見2-13-3
電話 0570-002-301(ナビダイヤル)

角川文庫 22165

印刷所●株式会社KADOKAWA
製本所●株式会社KADOKAWA

表紙画●和田三造

●お問い合わせ
https://www.kadokawa.co.jp/ (「お問い合わせ」へお進みください)
※内容によっては、お答えできない場合があります。
※サポートは日本国内のみとさせていただきます。
※Japanese text only

◆◇◇